Inga Menkhoff

Unser NRW

Seine schönsten Seiten

Autorin: Inga Menkhoff
Übersetzung:
FR: Françoise Ramson
GB: Dr. Lizzie Gilbert
NL: Gerrit J. ten Bloemendal & Geert Lemmens
Koordination der Übersetzungen: Bookwerk, Köln
Bildredaktion: Hans-Joachim Schneider
Gesamtproducing: Hans-Joachim Schneider
Gesamtherstellung: KOMET Verlag GmbH, Köln

ISBN 978-3-89836-764-6
www.komet-verlag.de

Inga Menkhoff

Unser NRW

Seine schönsten Seiten

English Nederlands Français

KOMET

Inhalt

Vorwort

Ein einziger Blick auf die Landkarte genügt, um auf eines der Hauptmerkmale Nordrhein-Westfalens zu stoßen: Es ist ein Bundesland der Ballungszentren. Die Hälfte der rund 18 Millionen Einwohner lebt in Großstädten mit mehreren Hunderttausend Menschen. Viele Verkehrsadern laufen hier zusammen, kreuzen sich, und auf nächtlichen Satellitenaufnahmen erscheinen die vielen Ballungsräume als helle Lichtpunkte – wie nirgendwo sonst in Deutschland.

Doch Nordrhein-Westfalen auf das Urbane, auf Industrie- und Gewebezentren zu reduzieren, hieße, Wesentliches außer Acht zu lassen. Nordrhein-Westfalen bedeutet in erster Linie Facettenreichtum und Vielfalt, zuweilen auch Widersprüchliches, das aber nicht zuletzt einen unvergleichlichen Reiz ausübt. Wo sonst finden sich auf so konzentriertem Raum gewaltige Industrieruinen ebenso wie schmucke mittelalterliche Fachwerkdörfer? Wo sonst lösen scheinbar unendliche, menschenleere Naturoasen die quirligen, hektischen Metropolen ab?

Das vorliegende Buch möchte einen Eindruck geben von dieser Fülle und dem Reichtum. 140 ausgewählte Ziele, in Text und Bild vorgestellt, machen Lust auf Erkundungstouren, regen dazu an, sich auf eine Region einzulassen, deren Faszination und spürbare Energie nicht zuletzt auch das Resultat schwerer Krisenzeiten sind: Der Zweite Weltkrieg hat tiefe Spuren hinterlassen, ebenso wie der Niedergang der Montanindustrie, von der kein anderes Bundesland härter getroffen wurde. Doch aus dieser Strukturkrise ist auch eine ungeheure Kreativität und Beweglichkeit entsprungen, die nicht nur das Ruhrgebiet – Kulturhauptstadt 2010 –, sondern ganz Nordrhein-Westfalen erfasst haben. Lassen Sie sich von diesem Impuls anstecken und entdecken Sie ein Bundesland voller Schönheiten und einer faszinierenden Symbiose aus Tradition und Innovation.

Preface

One short glance at a map will suffice to recognise one of the main characteristics of Northrhine-Westphalia: this federal state is defined by high population density. Half of the approximately 18 million inhabitants live in large cities consisting of several hundred thousand people. There are many arterial roads converging and crossing here and satellite photographs taken by night show a multitude of bright spots – the many agglomerations, more than anywhere else in Germany.

But reducing Northrhine-Westphalia to its urban side, to the industrial and commercial centres, would be ignoring essential features. First and foremost, Northrhine-Westphalia stands for diversity and a multitude of facets, some of them contradictory, but all of them indisputably characterised by their very own charm. Where else can you find gigantic industrial remnants and pretty medieval villages with half-timbered houses on such a confined space? Where else do seemingly endless natural oases devoid of human traces take turns with vivid, busy metropolises?

The book at hand would like to give some notion of this diversity and wealth. 140 chosen destinations, introduced in words and images, will make you want to go exploring, will entice you to get involved with a region whose fascination and palpable energy is also caused by times of severe crisis: World War Two left its deep marks just as much as the decline of the coal mining industry, from which no other federal state had to suffer more dramatically. But this structural crisis gave rise to sheer unbelievable creativity and mobility, which not only covered the Ruhr district – cultural capital in 2010 – but indeed Northrhine-Westphalia in its entirety. Let yourself get infected by this impulse, discover a federal state full of beauties, a fascinating symbiosis of tradition and innovation.

Woord vooraf

Een korte blik op de landkaart is al voldoende om een karakteristiek aspect van Noordrijn-Westfalen te onderscheiden: deze Duitse deelstaat is er een van agglomeraties. Dat verbaast niet als je bedenkt dat de helft van de circa 18 miljoen mensen tellende bevolking in steden van meerdere honderdduizenden inwoners leeft. Talrijke verkeersaders komen hier samen en kruisen er zich, en geen enkel ander gebied in Duitsland is op nachtelijke satellietfoto's zo duidelijk herkenbaar; als grote witte vlekken lichten de agglomeraties op.

Maar wie Noordrijn-Westfalen alleen maar beschouwt als een stedelijk- of industrieel gebied, laat andere, wezenlijke kenmerken buiten beschouwing. Noordrijn-Westfalen is zeer divers, soms ook contrastrijk, maar dan zodanig dat het een onvergelijkbare aantrekkingskracht uitoefent. Waar elders in Duitsland bevinden zich in een dergelijk dichtbevolkt gebied naast tal van industrieruïnes ook zo veel schitterende middeleeuwse vakwerkhuizen? En waar elders wisselen schijnbaar eindeloze en eenzame natuuroases enerzijds en woelige en hectische metropolen anderzijds elkaar zo snel af?

Dit boek wil een indruk geven van deze overvloed en rijkdom. De 140 zorgvuldig geselecteerde reisdoelen, voorgesteld aan de hand van informatieve teksten en prachtige foto's, nodigen uit om ontdekt te worden. Ze sporen ertoe aan een regio te bezoeken waarvan de fascinatie en voelbare energie niet in de laatste plaats het resultaat zijn van zware crises. De Tweede Wereldoorlog, die geen andere Duitse deelstaat zo hard trof, liet er diepe sporen achter, net als de teloorgang van de mijnbouw. Maar deze structurele crisis heeft ook een enorme creativiteit en levendigheid teweeggebracht, die niet alleen het Ruhrgebied – de culturele 'hoofdstad' van Europa in 2010 –, maar heel Noordrijn-Westfalen stimuleren. Ontdek een deelstaat vol bezienswaardigheden en een fascinerende symbiose van traditie en innovatie.

Avant-propos

Un simple coup d'oeil sur la carte de l'Allemagne suffit pour distinguer l'une des principales caractéristiques de la Rhénanie-du-Nord-Westphalie. C'est une région de conurbations des plus gigantesques. Avec près de 18 millions d'habitants dont la moitié réside dans les villes de taille importante, c'est le Land fédéral le plus peuplé. Ce carrefour européen des transports, avec ses vastes agglomérations urbaines, apparait tel un amoncellement de points lumineux sur les images satellite prises de nuit. Un phénomène unique en Allemagne !

Pourtant, réduire la Rhénanie-du-Nord-Westphalie à ses centres urbains, industriels et commerciaux serait faire abstraction des caractéristiques essentielles de ce Land qui est en premier lieu synonyme de diversité, de polyvalence, un pays de contrastes au charme inégalable. Nulle part ailleurs, on trouve une telle densité de ruines industrielles et de villages de maisons à colombages. En aucun autre lieu, des havres d'évasion aussi vastes avoisinent les métropoles dynamiques.

Le présent ouvrage contient 140 destinations illustrées invitant à découvrir une région somptueuse et foisonnante. La Rhénanie-du-Nord-Westphalie qui a gardé de profondes cicatrices de la Seconde Guerre mondiale et qui fut la plus touchée par la crise minière, est aujourd'hui plus forte et attrayante que jamais. Venez visiter le Bassin de la Ruhr – avec Essen, élue capitale européenne de la culture 2010 – ainsi que les autres régions du Land, et laissez-vous séduire par le charme et la diversité des paysages ainsi que par la créativité, vitalité et convivialité des habitants de cette merveilleuse Rhénanie-du-Nord-Westphalie, où règne une parfaite symbiose entre tradition et innovation.

Viele Moorschnucken und ein Wasserschloss

Unzählige Felder und Wiesen reihen sich rund um Ahaus aneinander, rote Ziegeldächer stechen aus dem Grün hervor und inmitten dunkler Auen- und Moorlandschaften bilden – zur Freude von Jung und Alt – Hunderte zotteliger Tiere helle Farbtupfer. Das ist die Zeit, wenn Schäfer ihre Schnucken zum Rupfen und Zupfen ins Freie führen. Und während sich Kinder verzückt der Lämmer annehmen, können Erwachsene das berühmte **Barockschloss von Ahaus** besichtigen, das Fürstbischof Friedrich Christian von Plettenberg Ende des 17. Jahrhunderts erbauen ließ.

Sheep wherever you look and a moated castle

The landscape surrounding **Ahaus** is characterised by countless fields and meadows; red tiled roofs stand out from the green backdrop; the dark marshes and moors are dotted with hundreds of fair shaggy animals that delight both young and old. This is the time when the shepherds take their heath out to graze. And while children are enchanted by the little lambs, the grown-ups can visit the famous Baroque castle of Ahaus, which prince-bishop Friedrich Christian von Plettenberg had constructed in the late 17th century.

Veel heideschapen en een waterkasteel

De omgeving van **Ahaus** wordt gekenmerkt door akkers en weilanden, afgewisseld met huizen met rode pannendaken. Midden in de donkere uiterwaarden en het veengebied zetten de honderden ruwharige dieren lichte accenten. Dit is de tijd dat schaapherders hun heideschapen tot vreugde van jong en oud door de natuur voeren om ze te laten grazen. En terwijl de kinderen trots de lammetjes vasthouden, bezichtigen de volwassenen het beroemde barokke kasteel van Ahaus, dat prins-bisschop Friedrich Christian von Plettenberg hier eind zeventiende eeuw liet bouwen.

Moutons et château

D'innombrables champs et prés encerclent **Ahaus**, petite ville où le rouge flamboyant des toits de tuiles contraste avec la verdure des alentours. Les paysages marécageux et alluviaux ombragés, parsemés de points clairs font la joie des petits et des grands lorsque le berger amène brouter ses moutons dans la nature. Et, pendant que les enfants restent émerveillés devant les agneaux, les adultes visitent le célèbre château baroque d'Ahaus, édifié sur ordre du prince-évêque Friedrich Christian von Plettenberg, à la fin du XVIIe siècle.

Die Burg ist ein Schloss

Mit einem kleinen runden Burgfried begann 1169 die Geschichte der **Wasserburg Anholt**. Doch den späteren Herren, den Grafen zu Salm, Wild- und Reichsgrafen, erschien die mittelalterliche Festung nicht standesgemäß: Sie schufen nach dem 30-jährigen Krieg eine weitläufige Schlossanlage, umschlossen von herrlich angelegten Gärten und einem tiefen Wassergraben. Im Haupttrakt findet sich heute ein Museum mit der Bibliothek der Fürsten zu Salm-Salm. Daneben liegt das Parkhotel Anholt, in dem man sich einmal selbst wie ein Fürst fühlen darf.

The castle that is a palace

The story of the moated castle **Wasserburg Anholt** began in 1169, with a small, circular castle tower. However, in later years its masters, the counts zu Salm, were raised to princes and did not deem the medieval fortress befitting their social status. Thus, after the Thirty Years War, they created an extensive palace surrounded by beautifully designed gardens and a deep moat. The main wing of the complex today houses the library of the Princes Salm-Salm. Next to it lies Parkhotel Anholt, where every guest will be treated like royalty.

Van belfort tot kasteel

Met een klein, rond belfort begon in 1169 de geschiedenis van de **Wasserburg Anholt**. De latere eigenaren, de graven Zu Salm, de Wildgrafen en de rijksgraven, vonden dat de middeleeuwse vesting niet meer beantwoordde aan hun stand. Na de Dertigjarige Oorlog bouwden ze een groot kasteel dat omgeven werd door prachtige tuinen en een diepe gracht. Tegenwoordig herbergt het hoofdgebouw een museum met de bibliotheek van de vorsten van het geslacht Zu Salm-Salm. Ernaast is het Parkhotel Anholt gelegen, waar u zich een echte vorst kunt wanen.

Tour métamorphosée

Il était une fois, en 1169, une petite tour de guet, la **Wasserburg Anholt**. Mécontents de son apparence et la trouvant indigne de leur rang, les comtes de Salm décidèrent d'élargir leur demeure médiévale. C'est ainsi qu'après la Guerre de Trente Ans, la tour se transforma en un vaste château environné de jardins grandioses et de douves profondes. Le bâtiment principal héberge un musée avec la bibliothèque des princes de Salm-Salm. Non loin de là se situe le Parkhotel Anholt, hôtel luxueux dans lequel on séjourne comme un prince !

Münsterland

Hammer und Säge statt Ritterrüstung

Schon von weitem sieht man den dreistufigen Helm des **Raesfelder Schlossturms**. Die alte mittelalterliche Wasserburganlage wurde im 30-jährigen Krieg stark beschädigt und 1648 durch ein prächtiges Residenzschloss ersetzt, das heute noch ebenso glanzvoll wie einst erstrahlt. Das mag auch daran liegen, dass im Schloss mittlerweile die Akademie des Handwerks untergebracht ist, die sich in erster Linie mit Denkmalpflege und Restaurationen beschäftigt.

Hammer and saw instead of knight's armour

Even from far away one can discern **Raesfeld Castle Tower** with its three-stage hip roof. The medieval moated castle was heavily damaged during the Thirty Years' War and substituted in 1648 by a grand residential palace, sparkling today in its opulence just as in the olden days. Nowadays, the palace complex houses the Academy of the Crafts, primarily focused on Historic Preservation and restoration – maybe this explains the palace's perfect state.

Hamer en zaag in plaats van harnas

Al van ver is de fraaie **torenkap van Schloss Raesfeld** te zien. Het oorspronkelijke, middeleeuwse waterkasteel werd in de Dertigjarige Oorlog zwaar beschadigd en in 1648 vervangen door een prachtig, uitstekend bewaard gebleven residentiehuis. Dat komt misschien ook doordat in het huidige complex intussen de Akademie des Handwerks is gehuisvest, die zich vooral bezighoudt met monumentenzorg en restauraties.

Armure troquée contre un tablier d'artisan

Le prestigieux **Château de Raesfeld**, avec la flèche typique de sa tour, est une ancienne résidence médiévale, fort endommagée pendant la Guerre de Trente Ans, et transformée en 1648. Le fait que ce somptueux bâtiment soit impeccablement entretenu n'étonnera pas puisqu'il héberge l'académie de l'artisanat, essentiellement impliquée dans l'entretien des monuments et les travaux de restauration.

Inspirationsquelle einer Dichterin

„O schaurig ist's übers Moor zu gehn,/Wenn es wimmelt vom Heiderauche,/Sich wie Phantome die Dünste drehn/Und die Ranke häkelt am Strauche." Aus eigener Anschauung kannte Annette von Droste-Hülshoff die Moor- und Heidelandschaften des Münsterlandes, wurde sie doch 1797 auf der mittelalterlichen **Burg Hülshoff** geboren und lebte ein Großteil ihres Lebens in der Umgebung. So diente vor allem die romantische Natur der Dichterin zeitlebens als eine Quelle der Inspiration.

A source of poetic inspiration

"How grisly it is to cross the bog,/when the heath's fogs are spreading,/when vapors turn like phantoms/and twine hangs in the shrubs." German poet Annette von Droste-Hülshoff knew the moors and marshes of the Münsterland region only too well; after all, she was born in 1797 on medieval **Burg Hülshoff** and spent a large part of her life in the area. Throughout her life, the romantic landscape served as a source of inspiration to the great poetess.

Inspiratiebron van een dichteres

"Oh, hoe griezelig het is op de hei,/Waar de heirook je omgeeft,/De nevels als fantomen komen en gaan/En de klimop zich vastgrijpt aan de struiken." De dichteres Annette von Droste-Hülshoff kende het veen- en heidelandschap van het Münsterland maar al te goed. Ze werd hier in 1797 op de middeleeuwse **Burg Hülshoff** geboren en bracht een groot deel van haar leven door in deze streek. Vooral de romantische natuur was voor haar een bijzondere inspiratiebron.

Paysages poétiques

« Qu'il est effrayant de parcourir les marais,/Quand les brouillards se faufilent entre les landes,/En virevoltant tels des fantômes/Et que la vrille se serre trop fort contre les haies... » L'auteur de ces vers tirées du poème « Der Knabe im Moor » (Le garçon dans le marais), Annette von Droste-Hülshoff, est née en 1797 dans le **Château Hülshoff** médiéval. Elle passa une grande partie de sa vie dans cette région du Münsterland aux paysages poétiques.

Romanik trifft Moderne

Er ist das Wahrzeichen Münsters, der **St.-Paulus-Dom**. Hoch ragt seine spätromanische Fassade mit den beiden quadratischen Türmen über dem Domplatz auf. Lediglich die Westfront scheint aus diesem Stil im Übergang zwischen Romanik und Gotik auszubrechen. Kein Wunder, denn sie wurde nach den Zerstörungen des Zweiten Weltkriegs nicht wie der übrige Dom originalgetreu wiederaufgebaut, sondern sollte der neu heranwachsenden Generation entsprechend modernisiert werden.

Romanesque meets modernism

St. Paulus Dom is the landmark of Münster. The Late Romanesque façade with the two square towers looms up high above the cathedral square. Only the western front seems to break out of the style dating to the transition between Romanesque and Gothic. This is due to the fact that it was destroyed during the Second World War and not restructured true to original but instead modernised to appeal to the younger generation.

Romantiek ontmoet modern

De **St.-Paulusdom** is hét symbool van de stad Münster. De laatromaanse gevel met de twee vierkante torens torent hoog uit boven het domplein. Alleen de westgevel schijnt af te wijken van de algehele stijl, die het midden houdt tussen romaans en gotisch. Dat is ook geen wonder, want anders dan de rest van de kerk werd dit deel na in de Tweede Wereldoorlog te zijn verwoest niet zomaar overeenkomstig het origineel opnieuw gebouwd, maar kreeg het een moderner tintje dat vooral de jonge generaties moest aanspreken.

Rencontre du style roman et contemporain

La **St.-Paulus-Dom** (cathédrale Saint Paul) est non seulement l'emblême de la ville de Münster, elle est également son monument le plus prestigieux. Avec sa façde datant de la fin de l'époque romane et ses deux grandes tours carrées, la cathédrale est un complexe attrayant. Seule la façade occidentale semble se distancer de ce style transitoire entre roman et gothique et ce n'est pas étonnant car, à l'issue de la Deuxième Guerre mondiale, elle n'a pas été reconstruite selon les plans originaux comme le restant de la cathédrale, mais a été modernisée pour être mieux adaptée au goût de la génération future.

Fürstliches Münster

Es gibt kaum eine deutsche Landschaft, die so dicht mit Burgen, Schlössern und Herrenhäusern übersät ist, wie das Münsterland. Auch **Münster** selbst steht seiner Umgebung in Sachen fürstliche Pracht in nichts nach. Münsters Kleinod schlechthin ist das ehemalige **fürstbischöfliche Schloss**. Die barocke Dreiflügelanlage mit fünfachsigem Mittelrisalit aus rotem Backstein und Sandstein wurde nach dem 2. Weltkrieg in seiner äußeren Gestalt wieder aufgebaut und beherbergt heute die Münsteraner Universität.

Royal Münster

There is hardly a German county strewn more densely with **castles, palaces and estates** than the **Münsterland** region. And Münster itself has plenty on offer when it comes to princely grandeur. Its most precious building is the former prince-bishop's palace, a Baroque structure made of three wings with a five-axle central risalit of red brick and sandstone. After the Second World War its outer features were reconstructed and today it houses Münster University.

Vorstelijke stad

Bijna geen andere streek in Duitsland is zo dicht bezaaid met **burchten, kastelen en landgoederen** als het **Münsterland**. En als het gaat om pracht en praal doet de stad Münster zelf geenszins onder voor zijn omgeving. Het kleinood bij uitstek is het voormalige slot van het prinsbisdom. Dit barokke complex telt drie vleugels. De vijfassige middenrisaliet uit rood baksteen en zandsteen werd na de Tweede Wereldoorlog in ere hersteld en herbergt tegenwoordig faculteiten van de plaatselijke universiteit.

Une ville princière

Le **Münsterland** (pays de Münster) se caractérise par sa densité de **châteaux, de palais et de manoirs**. La magnificience princière ne manque pas non plus à Münster même. Le château baroque, bâtiment à trois ailes présentant un avant-corps pentagonal en brique rouge et en grès, est une ancienne résidence épiscopale princière. Il fut superficiellement reconstruit après la Deuxième Guerre mondiale et héberge aujourd'hui l'Université de Münster.

Westfälisches Versailles

Über dreißig Jahre nahm der Bau in Anspruch, bis die Fürstbischöfe von Plettenberg im Jahre 1731 ihr **Schloss Nordkirchen** vollendet sahen. Wassergräben umschließen den aus rotbraunem Backstein errichteten Barockbau, dessen streng symmetrischer Aufbau sich im Schlossgarten fortsetzt. In den Genuss dieses prachtvollen Ambientes kommen heutzutage nicht mehr nur Adelige: Seit 1958 residieren und lernen hier die Studenten der Fachhochschule für Finanzen.

Westphalian Versailles

Construction works took more than thirty years until in 1731 the prince-bishops of Plettenberg finally saw the completion of **Nordkirchen Palace**. Moats enclose the red-brick Baroque building whose strictly symmetrical design is continued in the gardens. Nowadays, not only the nobility can enjoy the magnificent ambience: since 1958, students of the college for finances live and learn here.

Het Westfaalse Versailles

Het duurde meer dan dertig jaar eer de prins-bisschoppen van Plettenberg in 1731 het voltooide **Schloss Nordkirchen** konden aanschouwen. Grachten omgeven het uit rode baksteen opgetrokken barokke gebouw, waarvan de strenge symmetrische architectuur ook in de kasteeltuinen is voortgezet. Het genieten van deze prachtige sfeer is tegenwoordig niet alleen de adel voorbehouden, want sinds 1958 wonen en studeren hier de studenten van de Fachhochschule für Finanzen.

Versailles en Westphalie

Ce n'est qu'en 1731, après plus de trois décennies de travaux, que les princes-évêques de Plettenberg virent enfin leur **Château de Nordkirchen** achevé. Cette construction baroque de briques marron présente une forme rigoureusement symétrique qui se poursuit dans le jardin. Cette résidence encerclée d'eau n'est plus seulement réservée aux nobles : depuis 1958, le château héberge, avec ses étudiants, l'École supérieure spécialisée des finances.

Mekka nicht nur für Pferdefreunde

Das Glück der Erde liegt auf dem Rücken der Pferde – wenn dieses Sprichwort stimmt, so ist das Glück mit Sicherheit in **Warendorf** zu finden. Seitdem 1826 das international anerkannte und erstklassige Landesgestüt Warendorf gegründet wurde, dreht sich in der Stadt viel um die kostbaren Reittiere. Warendorf selbst profitiert noch heute von der Ära als erfolgreiche Handelsstadt. Hiervon zeugen die prachtvollen Fassaden der Bürgerhäuser auf dem Marktplatz oder die im 15. Jahrhundert erbaute Kirche St. Laurentius.

A Mekka not just for horselovers

Earth's happiness is found on horseback – this is a German saying, and if it is true, then happiness must surely be situated in **Warendorf**. The internationally renowned first-class state stud of Warendorf was established in 1826, and since then, much of the city's life has centred on the precious mounts. Warendorf itself even today thrives on its times as a successful trading town. The lavish facades of the town houses around market square are just as much living documents of those days as the church of St Laurentius, constructed in the 15th century.

Een mekka, niet alleen voor paardenvrienden

"Die met een paard uitgaat, gaat met zijn meester uit" – als dit gezegde klopt, is het zeer zeker van toepassing op **Warendorf**. Sinds de oprichting van de internationaal erkende en gerenommeerde stoeterij Warendorf in 1826 staat deze stad geheel in het teken van dit edele rijdier. Warendorf profiteert nog altijd van de tijd dat het een florerende handelsplaats was, waarvan de vele pronkvolle gevels van de herenhuizen aan het marktplein en de vijftiende-eeuwse kerk St. Laurentius ook nu nog getuigen.

Trouver le bonheur

« Tout le bonheur du monde est sur le dos d'un cheval ». Si ce proverbe arabe s'avère exact, le bonheur se trouve à **Warendorf**. Depuis 1826, le haras régional de Warendorf, renommé dans le monde entier et de toute première qualité, se consacre de manière notoire à ses montures précieuses. L'ancienne ville commerciale profite toujours de son essor d'antan dont témoignent les prestigieuses façades des maisons bourgeoises sur la place du marché ou encore, l'église St Laurentius, bâtie au XVe siècle.

Wild!

Es gibt sie noch, die wild lebenden Tiere – sogar im dicht besiedelten Nordrhein-Westfalen. Der **Naturpark Hohe Mark** bietet da nicht nur seine umfangreichen Waldgebiete, um Hirsche, Rehe und Wildschweine zu beobachten. In den verschiedenen Wildparks, innerhalb deren Grenzen die Tiere wild und in Freiheit leben, kann man ganz nahe an sie herankommen und sie in ihrem natürlichen Lebensraum beobachten. Eine Besonderheit stellt auch hier das Wildpferdgehege im Merfelder Bruch dar, dem letzten Wildpferdgestüt Europas.

Look out! Deer!

Live wild animals actually still do exist, even in densely populated Northrhine-Westphalia. **Naturpark Hohe Mark** not only has extensive woodlands where you can watch stags, deer and wild boars, there are also various game parks where animals can live freely and naturally and yet are fenced in so that visitors can come quite close and watch them in their natural habitat. Not to be missed is the wild pony park at Merfelder Bruch, one of Europe's last stud farms for wild horses.

Pas op: wild!

Ze bestaan nog, in het wild levende dieren – zelfs in het dichtbevolkte Noordrijn-Westfalen. Het **natuurpark Hohe Mark** is een uitgestrekt bosgebied waar u herten, reeën en wilde zwijnen kunt observeren. In de diverse wildparken kunt u ze van heel dichtbij beleven en met eigen ogen zien hoe de dieren in hun natuurlijke habitat in vrijheid leven. Bijzonder is ook de aanwezigheid van wilde paarden in de Merfelder Bruch, de enige stoeterij voor deze dieren in Europa.

Faune libre

Les animaux sauvages sont parmi nous, même dans une région aussi peuplée que la Rhénanie-du-Nord-Westphalie. Le **Parc naturel de la Hohe Mark** abrite quantité de zones boisées et divers enclos, où le visiteur peut suivre de très près le va-et-vient des cerfs, des chevreuils et des sangliers. Le parc « Wildpferdebahn » du Merfelder Bruch est d'un attrait tout particulier puisqu'il héberge le dernier groupe de chevaux sauvages sur le continent européen.

Westfälisches Venedig

Vier Wasserarme bildet die Lippe in Westfalens wasserreichster Stadt **Lippstadt** aus, bevor sie wieder zu einem Fluss zusammenfließt. Das hat der Stadt nicht nur den Beinamen Venedig Westfalens eingebracht. Das schafft in Verbindung mit den prächtigen mittelalterlichen und barocken Gebäuden auch eine einzigartige Atmosphäre. Eine Idylle ist ebenso die Stiftsruine, die Ruine des ehemaligen Augustinerinnen-Klosters von 1207, die noch heute eine wohltuende Ruhe ausstrahlt.

Westphalian Venice

Lippe is the name of the river which flows through the Westphalian town of **Lippstadt**, splitting its abundant water body into four arms before joining into one river again beyond the city. This has given the German town with the highest amount of water the nickname "Venice of Westphalia". And the water bodies combined with the medieval and Baroque buildings create an inimitable atmosphere. The idyllic ambience also reigns in the ruins of the former Augustinian ladies' convent dating from 1207, which even today exudes a beneficial tranquillity.

Het Venetië van Westfalen

Opgesplitst in maar liefst vier armen stroomt de rivier de Lippe door **Lippstadt**, de waterrijkste stad van Westfalen, voordat ze weer tot één stroom samenkomen. Dit gegeven heeft de stad niet alleen de bijnaam het 'Venetië van Westfalen' opgeleverd, maar het schept samen met de prachtige middeleeuwse en barokke gebouwen tevens een unieke sfeer. Idyllisch is ook de ruïne van het voormalige augustijnenklooster uit 1207, dat ook tegenwoordig nog een aangename rust uitstraalt.

Venise n'est pas seulement en Italie

Quatre bras d'eau forment la Lippe dans **Lippstadt**, ville de Westphalie la plus riche en eau, avant de se réunir en une rivière. Cette particularité a valu à Lippstadt le surnom de Venise de Westphalie et lui confère une atmosphère spécifique, notamment avec ses prestigieux bâtiments médiévaux et baroques. La ruine de l'ancien couvent des soeurs de Saint Augustin de 1207, dégage une sérénité bénéfique.

Heidelerchen auf dem Truppenübungsplatz

„Desertum sennae" wurde die Heidelandschaft am Fuße des Teutoburger Waldes im 17. Jahrhundert genannt – doch eine Wüste ist die Sennelandschaft ganz und gar nicht. Seit das Gelände nach dem Zweiten Weltkrieg ein eher selten benutzter britischer Truppenübungsplatz wurde, haben sich hier kostbare Biotope gebildet, mit raren, vom Aussterben bedrohten Tier- und Pflanzenarten. Sie sollen bald durch den **Nationalpark Senne** geschützt werden.

Moor larks on a military training ground

"Desertum sennae" is what the **moor beneath Teutoburger Wald** was called in the 17th century, but the Senne landscape is anything but a desert. Since the Second World War, the area has been used, though not very frequently, as a training ground for the British troops stationed in Germany. Precious biotopes have developed with rare, endangered animal and plant species. They are soon going to be protected within the Senne Nationalpark.

Boomleeuwerik op militair oefenterrein

Hoewel het **heidelandschap aan de voet van het Teutoburger Wald** in de zeventiende eeuw 'desertum sennae' werd genoemd, is de Sennestreek allesbehalve een woestijn. Vanaf het moment dat het gebied na de Tweede Wereldoorlog in een sporadisch gebruikt militair oefenterrein van het Britse leger veranderde, zijn hier waardevolle biotopen ontstaan, met zeldzame en met uitsterven bedreigde dier- en plantensoorten. Deze zullen spoedig onder de bescherming vallen van het nationale park Senne.

Havre de paix pour la faune

« Desertum sennae », ainsi se prénommait le **paysage de lande au pied de la Forêt de Teutoburg** au XVIIe siècle. Mais cette contrée pauvre en végétation n'est pas pour autant désertique ! Des biotopes précieux abritant une faune et flore en voie de disparition se sont formés sur ce terrain, rarement utilisé par les forces britanniques après la Deuxième Guerre mondiale. Une zone de protection de la faune et de la flore locales sera bientôt aménagée au sein du futur Parc national Senne.

Doppelt schön

Wer das Städtchen **Rheda-Wiedenbrück** an der Ems besucht, kann gleich doppelt genießen. Denn durch die Zusammenfassung der Stadt Wiedenbrück (erstmals erwähnt 758) mit Rheda (aus dem Jahr 1088) kann man durch zwei historische Altstädte bummeln und ein Wasserschloss und den Flora-Westfalica-Park besichtigen. Ein besonderes Kleinod sind aber die Schnitzereien und Malereien an den mittelalterlichen Häusern Wiedenbrücks.

Double fun

Visiting the small town **Rheda-Wiedenbrück** by the Ems means double enjoyment. Due to the incorporation of Wiedenbrück (first mentioned in 758) and Rheda (dating to 1088), there are two historic centres to be discovered plus a moated castle and the Flora-Westfalica park. The carvings and paintings on the medieval houses of Wiedenbrück are especially worth seeing

Dubbel zo mooi

Wie het stadje **Rheda-Wiedenbrück** aan de rivier de Ems bezoekt kan meteen dubbel genieten. Want door de samenvoeging van de stad Wiedenbrück (voor het eerst vermeld in 758) met Rheda (gesticht in 1088) kun je maar liefst door twee historische stadskernen wandelen en ook nog een waterkasteel en het Flora-Westfalica-Park bezichtigen. Een bijzonder kleinood vormt het houtsnijwerk en muurschilderingen van de middeleeuwse huizen in Wiedenbrück.

Deux villes à la fois

Les touristes visitant la petite ville de **Rheda-Wiedenbrück** au bord de l'Ems profitent doublement. En effet, l'union de Wiedenbrück (évoquée pour la première fois en 758) et de Rheda (fondée en 1088), procure au visiteur le plaisir de découvrir deux vieilles-villes historiques à la fois. Le château d'eau ainsi que le Flora-Westfalica-Park valent également le détour. Les maisons médiévales de Wiedenbrück, ornées de sculptures sur bois et de peintures, sont de véritables joyaux.

Wo sich Handelswege kreuzen

Kultur- und Wirtschaftszentrum inmitten des Teutoburger Waldes – das ist **Bielefeld**. Hermann IV., Graf von Ravensberg, gründete die ostwestfälische Metropole bereits 1214 als Kaufmannsstadt, und diese Bestimmung lässt sich noch heute am Stadtbild ablesen. Prächtige Patrizierhäuser säumen den Alten Markt; die Ravensburger Spinnerei oder das Leineweber-Denkmal erinnern an die einst so bedeutenden Wirtschaftszweige Bielefelds. Und über allem thront die Sparrenburg aus dem 13. Jahrhundert – bis heute das Wahrzeichen der Stadt.

Where trade routes intersect

Cultural and economic centre in the heart of Teutoburg Forest – that's **Bielefeld**. Herman IV, Count of Ravensberg, founded the metropolis of eastern Westphalia in as early as 1214. It started out as a traders' town and this even shows in today's cityscape. Magnificent patrician houses line the Alter Markt square; Ravensberger spinning mill and Leineweber (linen weaver) memorial still remind one of Bielefeld's flourishing industries of old. High above the city, the Sparrenburg sits enthroned, a castle dating from the 13th century and to this day the town's landmark.

Waar handelswegen samenkomen

Cultureel en economisch centrum midden in het Teutoburger Wald – dat is **Bielefeld**. De oostelijk in Westfalen gelegen stad werd al in 1214 door Hermann IV, graaf van Ravensberg, als koopmansstad opgericht, en dit karakter bepaalt ook nu nog het stadsbeeld. Schitterende patriciërshuizen omgeven de oude markt en de spinnerij van Ravensberg en het linnenweversmonument herinneren aan deze ooit zo belangrijke bedrijfstak van Bielefeld. Boven dit alles troont de Sparrenburg uit de dertiende eeuw, hét symbool van de stad.

Route du lin

Bielefeld est un centre culturel et économique à la lisière de la Forêt de Teutoburg. La ville-arrondissement a été fondée en 1214 par le comte Hermann IV de Ravensberg en tant que ville commerciale. Certains édifices témoignent encore de la prospérité d'antan de la « ville du lin » : les somptueuses maisons patriciennes entourant l'Alter Markt (vieux marché), l'usine de tissage de Ravensberg ou encore, le Leineweber-Denkmal (monument du toilier). Et par-dessus tout trône l'emblème de la ville de Bielefeld, le château Sparrenburg, construit au XIIIe siècle.

Meeresbrise in Nordrhein-Westfalen

Dem weißen Gold verdankt **Bad Salzuflen** nicht nur seinen Namen, sondern auch seinen Wohlstand. Denn bereits seit dem 11. Jahrhundert wird in dem blühenden Städtchen Salz gefördert, sodass die Bürger hier bereits im Mittelalter ein gutes Leben führten. Doch den eigentlichen Ruhm der Stadt begründete die Entdeckung der Thermalsolequellen und deren Heilkraft. Sie schafften ein Heilklima, das dem an der Meeresküste in nichts nachsteht.

A whiff of the seaside in Northrhine-Westphalia

White gold not only gave **Bad Salzuflen** its name, but also its prosperity. Since as early as the 11th century salt has been quarried in this flourishing town, so that already in the Middle Ages the citizens here led a good life. However, the city only became truly renowned when the thermal brine springs and their healing powers were detected. They create a beneficial climate that comes equal to being by the seaside.

Zeebries in Noordrijn-Westfalen

Bad Salzuflen heeft aan het witte goud niet alleen zijn naam te danken, maar ook zijn welstand. Reeds in de elfde eeuw werd in het florerende stadje zout gewonnen en zodoende ging het zijn inwoners in de middeleeuwen voor de wind. Maar de eigenlijke roem van de stad is het gevolg van een andere ontdekking: die van warmwaterbronnen met geneeskrachtige kracht. Ze zorgen hier voor een gezond klimaat dat niet onder doet voor dat langs de zeekust.

Goût de la mer sous la terre

La ville de **Bad Salzuflen** doit non seulement son nom, mais aussi son essor à l'« or blanc », « Salz » signifiant sel. Déjà au XIe siècle, le sel fut extrait dans la petite ville florissante, permettant de faire vivre décemment ses habitants au Moyen-Âge. Mais la véritable gloire de la ville fut la découverte des sources d'eau thermale aux vertus bénéfiques et créant un climat à effet thérapeutique qui n'a rien a envier à celui de la côte.

Ostwestfalen-Lippe

Kleinod der Weserrenaissance

Der Name steht geradezu für Weserrenaissance: **Lemgo**. Entlang der restaurierten Straßen ihrer historischen Altstadt kann man noch heute meisterliche Beispiele der im 16. und 17. Jahrhundert in der Weserregion so typischen Architektur bewundern. Vor allem Hexenbürgermeisterhaus und Rathaus, aber auch die zahlreichen Bürgerhäuser der Stadt präsentieren ihre wunderbaren geschnitzten Giebel, und in Schloss Brake wurde sogar das Weserrenaissance-Museum eingerichtet.

Gem of the Weser Renaissance

This town is the epitome of Weser Renaissance: **Lemgo**. The streets of the historic old town have been renovated and there are masterly samples of this architecture typical of the Weser region, dating from the 16th and 17th centuries. Hexenbürgermeisterhaus (Witch Mayor's House) and town hall as well as the city's many town houses present their wonderfully carved gables and a Weser Renaissance Museum was installed in Brake Castle.

Kleinood van de 'Weserrenaissance'

De naam **Lemgo** is het synoniem voor de zogeheten Weserrenaissance. In het fraai gerestaureerde oude centrum van de plaats staan schitterende voorbeelden van de zestiende- en zeventiendeeeuwse architectuur, die typisch was voor het gebied langs de rivier de Weser. Vooral het zogeheten Hexenbürgermeisterhaus en het raadhuis, maar ook de talloze herenhuizen met hun prachtige gevels met houtsnijkunst zijn bijzonder. In Schloss Brake bevindt zich nu het Weserrenaissance-Museum.

Joyau de la Weserrenaissance

Lemgo se pare d'un grand nombre de vestiges de la Weserrenaissance. Les bâtiments construits dans cette architecture particulière de la région de la Weser, entre le XVIe et le XVIIe siècle, se côtoient le long des rues restaurées de la vieille-ville historique. Autres témoins de cette architecture : le « Hexenbürgermeisterhaus » et l'hôtel de ville. En outre, le Château de Brake héberge le musée de la Weserrenaissance.

Junkerhaus in Lemgo

Man darf wohl ohne Übertreibung sagen, dass das **Junkerhaus in Lemgo** das eigenwilligste architektonische Gebäude Nordrhein-Westfalens ist. Der Maler und Holzbildhauer Karl Junker schuf zwischen 1889 und 1912 ein zweigeschossiges Fachwerkhaus, an dessen Ausgestaltung er bis zu seinem Tode arbeitete: Kein Teil des Hauses, das nicht mit Verzierungen, Malereien und Schnitzereien versehen ist. Ein ehrgeiziges Lebens- und Kunstwerk, das gleichermaßen fasziniert und verstört.

Junkerhaus in Lemgo

One can say without exaggerating that the **Junkerhaus in Lemgo** is the most idiosyncratic architectural structure in all of North-rhine-Westphalia. Between 1889 and 1912 painter and wood sculptor Karl Junker created a two-storey half-timbered house. Junker kept working on the decoration until his death: there isn't a spot in the house that is not lavishly decorated, painted or carved. A highly ambitious lifetime work of art that is both fascinating and baffling.

Het Junkerhaus in Lemgo

Het is geen overdrijving te beweren dat het **Junkerhaus in Lemgo** het eigenzinnigste bouwwerk van Noordrijn-Westfalen is. Het twee verdiepingen tellende vakwerkhuis werd tussen 1889 en 1912 gebouwd door de schilder en houtsnijder Karl Junker. Aan de inrichting werkte hij tot aan zijn dood. Alle vertrekken van het huis zijn voorzien van versieringen, schilderingen en houtsnijwerk. Het is een ambitieus levens- en kunstwerk, dat niet alleen fascineert maar ook provoceert.

Maison oeuvre d'art

La **Junkerhaus à Lemgo** est sans nul doute le bâtiment le plus insolite de toute la Rhénanie-du-Nord-Westphalie. De 1889 jusqu'à sa mort en 1912, le peintre et sculpteur sur bois Karl Junker s'est consacré artistiquement à sa maison à colombages de deux étages. En effet, les enjolivures, les peintures et les sculptures sur bois ne font défaut sur aucune partie de la maison. C'est une ambitieuse oeuvre d'art et en même temps l'oeuvre de sa vie, qui fascine et déroute à la fois.

Hermann-Arminius im Hunnenring

Der Teutberg samt **Hermannsdenkmal** im Teutoburger Wald ist einem deutschen Nationalhelden gewidmet, der unter diesem Namen nie existiert hat: Hermann der Cherusker. Martin Luther erfand den Namen für den Cheruskerfürsten Arminius, der im Jahre 9. n. Chr. mit seinen germanischen Stämmen die römische Truppen in der so genannten Varusschlacht vernichtend schlug. Das Denkmal zu Ehren des als „deutscher Befreier" gefeierten Germanen – errichtet in eisenzeitlichen Ringwällen – lockt jedes Jahr eine Vielzahl von Touristen an.

Hermann-Arminius by the Hunnenring

Teutberg with Hermann monument lies in Teutoburg Forest and is dedicated to a German national hero who never actually existed under this name: Hermann the Cheruscian. Martin Luther invented the name for the Germanic Prince Arminius, who in 9 AD defeated the Roman troops with his Germanic tribes in the so-called Varus Battle. The monument dedicated to the "German liberator" is erected in Iron-Age ring walls and draws thousands of visitors every year.

Hermann-Arminius in de Hunnenring

De **Teutberg en het Hermannsmonument** in het Teutoburger Wald zijn een hommage aan Herman de Cherusk, een nationale held. Kerkhervormer Martin Luther bedacht deze naam voor Arminius, de vorst der Cherusken, die in het jaar 9 n.Chr. met zijn Germaanse stammen in de zogeheten Varusslag de Romeinse troepen een verpletterende nederlaag toebracht. Het monument ter ere van de als 'Duitse bevrijder' gevierde Germaan – gebouwd in ringwallen zoals ze in de ijzertijd voorkwamen – trekt jaar voor jaar talloze toeristen.

Arminius, le guerrier

Le **Hermannsdenkmal** (monument d'Hermann), monument à visiter sur le **Teutberg**, au coeur de la Forêt de Teutoburg, fut érigé à l'effigie d'un héros national allemand qui n'a jamais existé sous cette appellation : Hermann le Chérusque. Le nom de « Hermann » (qui signifie « homme d'armée ou « guerrier ») fut utilisé comme équivalent allemand d'Arminius par Luther. En l'an 9 après J.-C., sous le commandement d'Arminius, les Chérusques affrontèrent trois légions romaines dans la Forêt de Teutoburg. Ce fut un désastre pour l'Empire romain. Le monument en l'honneur du « libérateur allemand » – situé dans une enceinte fortifiée datant de l'Âge du Fer – attire chaque année une foule de touristes.

Erlebnislandschaft Weserbergland

Zu keiner Jahreszeit geizt das **Weserbergland** mit seinen Reizen. Ob man nun im Frühling Wiesen mit Märzenbechern und Lerchensporn bewundert, im Sommer die Weserufer mit dem Fahrrad erkundet, Rot- und Schwarzwild in herbstlichen Wald beobachtet oder durch den verschneiten Süntel stapft: Das Weserbergland ist immer ein Erlebnis. Außergewöhnlich ist aber auch das Projekt ErlebnisLandschaft Delliehausen, das in 21 Stationen die vielfältige ökologische und kulturhistorische Landschaft zum Anfassen nahe bringt.

A landscape offering many experiences

There is no season when the **Weserbergland** does not have its charms. In spring, the meadows delight with spring snowflakes and corydalis; in summer the Weser river banks can be explored by bike; the autumn woods are perfect to track down red deer and wild boars while snowy winter landscape is best experienced walking through the Süntel. In short, Weserbergland is always an experience. ErlebnisLandschaft Delliehausen is an exceptional project that presents the manifold ecological and cultural historical landscape in 21 stops.

Het Weserbergland beleven

Het **Weserbergland** is altijd een belevenis en altijd even bekoorlijk, of u nu in het voorjaar de weidse velden met lenteklokjes en helmbloemen komt bewonderen, in de zomer de oever van de Weser met de fiets verkent, de reeën, herten en wilde zwijnen in de herfst in de bossen komt zien of in de winter door de besneeuwde Süntel stapt. Bijzonder is ook het project 'ErlebnisLandschaft Delliehausen', een natuurpad met 21 punten die de biologische diversiteit en de cultuurhistorie van dit landschap zicht- en tastbaar maken.

Le Weserbergland au fil des saisons

Le **Weserbergland** est d'un attrait tout particulier, que ce soit au printemps, quand les pâturages se peuplent de nivéoles et de corydales, en été, où les rives de la Weser sont parcourues par les cyclistes, en automne, quand les cerfs et les sangliers font leur apparition ou, durant la saison hivernale, où l'on peut venir admirer le reflet du soleil sur la neige. Le Projekt ErlebnisLandschaft Delliehausen est non moins attrayant. Il regroupe 21 stations offrant une présentation très concrète de la diversité écologique et historico-culturelle de la région.

Ostwestfalen-Lippe

Zuhause der Vorkämpfer

Die lippsche Stadt **Detmold** zählt nicht nur mit seiner schönen Altstadt, dem Landestheater und seinem Renaissanceschloss zu den Schmuckstücken Nordrhein-Westfalens, sie hat auch ganz außergewöhnliche Personen hervorgebracht wie etwa die Fürstin Pauline von der Lippe. Als Regentin des Fürstentums Lippe erreichte sie, dass Napoleon Bonaparte ihr Fürstentum nicht ins Königreich Westfalen eingliederte, sondern seine Eigenständigkeit bewahren konnte. Auch für die erste Kindertagesstätte Deutschlands ist sie verantwortlich.

Home of the pioneers

With its beautiful old town, the county theatre and the Renaissance palace, the town of **Detmold** in the Lippe region is not only one of the gems of Northrhine-Westphalia, it has also born exceptional personalities such as Princess Pauline von der Lippe. As regent of the principality Lippe she managed to achieve that Napoleon Bonaparte did not incorporate her principality into the kingdom of Westphalia but granted it independence. She is also responsible for the first German day nursery.

De stad van de wegbereiders

De stad **Detmold** wordt niet alleen vanwege zijn fraaie oude centrum, het Landestheater en zijn renaissancekasteel het pronkstuk van Noordrijn-Westfalen genoemd. Het heeft ook tal van persoonlijkheden voortgebracht, zoals Pauline von der Lippe. Als regentes van het vorstendom Lippe wist zij Napoleon Bonaparte ervan te overtuigen dat het vorstendom onafhankelijk moest blijven en niet bij het koninkrijk Westfalen mocht worden gevoegd. Bovendien stond zij aan de wieg van het eerste kinderdagverblijf in Duitsland.

Une femme contre Napoléon

Detmold, chef-lieu de l'arrondissement de Lippe, n'est pas seulement un site de grand attrait, avec sa vieille-ville, son théâtre et son château pittoresques, c'est aussi le lieu de naissance de la princesse Pauline von der Lippe qui obtenut que Napoléon Bonaparte renonce à intégrer sa principauté au royaume de Westphalie. Et, c'est à l'initiative de la princesse que fut créée la première garderie d'enfants d'Allemagne.

Wo Heiden und Christen die Götter priesen

Inmitten des Teutoburger Waldes erheben sich recht unvermittelt die **Externsteine**, eine augenfällige Sandsteinformation. Schon im Paläolithikum boten sie den Menschen Schutz. Seit wann die Steine jedoch als Kultstätte dienten, ist nicht ganz gesichert. Ihre Bedeutung bei den frühen Christen legt jedoch nahe, dass auch in vorchristlicher Zeit die Menschen hier ihren Göttern huldigten. Gräber und Felsenreliefs, Hohlwege und Grotten machen den Externsteine zu einem geradezu mystischen Ort.

Where heathens and Christians praised their gods

In the heart of Teutoburg Forest the **Extern Rocks** loom unexpectedly, a conspicuous sandstone formation. People already sought refuge here in the Palaeolithic Age. It is not certain, however, when these stones first served as a cult site. Due to the fact that they were already important for the early Christians, it can be surmised that people came here even in pre-Christian times to pay homage to their gods. Tombs and rock reliefs, ravines and grottos turn the Externsteine into a truly mystic place.

Waar heidenen en christenen de goden prezen

Midden in het Teutoburger Wald rijzen vrij plotseling de **Externsteine** op, een opvallende zandsteenformatie. Al in het Paleolithicum bood zij mensen bescherming. Het is niet bekend sinds wanneer deze rotsen als gewijde plaats dienden, maar hun betekenis voor de vroege christenen die hier kwamen doet vermoeden dat de mensen hier ook al in voorchristelijke tijd hun goden vereerden. Graven en grotschilderingen, onderaardse gangen en grotten geven de Externsteine een mystiek tintje.

Exaltations en plein air

Les **Externsteine**, une étonnante formation de grès au coeur de la Forêt de Teutoburg, servirent déjà d'abri à l'homme dans le Paléolithique. On ne peut néanmoins pas affirmer avec certitude depuis quand les pierres servirent de lieu de culte. Mais leur notoriété chez les premiers chrétiens laisse à penser que des peuples rendirent déjà hommage à leurs dieux avant l'ère chrétienne. Les tumuli et les reliefs de falaise, les sentiers creux et les grottes font toute la mysticité de l'endroit.

Von Gernheim in alle Welt

Im 19. Jahrhundert stand der Name **Gernheim** für Glas, vor allem für Fensterglas. Die moderne kegelförmige **Glashütte**, zeitgemäß aus Ziegeln statt aus Fachwerk errichtet, lieferte Glas sogar nach Übersee. Als die Hütte stillgelegt wurde, verfiel sie zunächst – bis sich die Bürger dem einzigartigen Bauwerk annahmen. Heute kann man in den umliegenden Arbeiterhäuser und der Fabrikantenvilla alles über die Glasherstellung erfahren – und in der Glashütte den Glasbläsern wieder bei der Arbeit zusehen.

From Gernheim all through the world

In the 19th century, **Gernheim** was known for its glass production, especially windows. The conical **glass works**, constructed in the modern style of bricks instead of timber, even exported glass to overseas. When the works were closed down, they at first became dilapidated until the citizens decided to take care of this unique structure. Today, one can learn everything about glass production in the surrounding workers' houses and the villa of the factory owner, and inside the glass works itself, glass blowers demonstrate their craft.

Wereldberoemde glasstad

In de negentiende eeuw stond de naam **Gernheim** voor glas, vooral vensterglas. De kegelvormige **glasblazerij** – geen vakwerkconstructie, maar gebouwd van moderne bakstenen – produceerde zelfs glas voor overzeese landen. Na de stillegging van de fabriek raakte het unieke gebouw snel in verval, totdat enkele burgers zich inzetten om het te behouden. Nu kan de bezoeker in de omliggende arbeiderswoningen en de directeursvilla alles te weten komen over de productie van glas en zien hoe glas wordt geblazen.

Verrerie de Gernheim

Au XIXe siècle, **Gernheim** était synonyme de verre, notamment de verre à vitre. La **verrerie** de forme conique moderne, c'est-à-dire, édifiée à partir de tuiles et non de colombages, exportait ses produits dans le monde entier. Après sa désaffectation, les habitants prirent conscience de l'importance de ce site et aujourd'hui, le public peut y approfondir ses connaissances sur la fabrication du verre et observer les souffleurs de verre à la tâche.

Die drei Hasen

„Der Hasen und der Löffel drei, und doch hat jeder Hase zwei", so beschreibt ein alter Vers die Gestalt des **Paderborner** Wahrzeichens schlechthin: des Drei-Hasen-Fensters. Am mittelalterlichen Paderborner Dom finden wir dieses Kunstwerk, das in einem Maßwerkfenster aus dem 16. Jahrhundert drei im Kreis laufende Hasen darstellt. Aus der gleichen Zeit stammt das **Rathaus**: Im Stil der Weserrenaissance erbaut, beeindruckt es vor allem durch seine drei verzierten Giebel.

The three hares

"Three hares and three ears, and yet each hare has two." This old verse describes the landmark of **Paderborn**, the Drei-Hasen-Fenster (Three Hares Window). This work of art can be found in the medieval Paderborn Cathedral, where a tracery window from the 16th century depicts three hares running in a circle. **The town hall** dates from the same time. It was built in the style of the "Weser Renaissance" and has three imposing, richly decorated gables.

De drie hazen

"Drie hazen en drie oren, en toch heeft elke haas er twee." Zo beschrijft een oud versje het bekendste symbool van de stad **Paderborn**, het venster met de drie hazen. Dit kunstwerk in een maaswerkvenster uit de zestiende eeuw dat drie in het rond springende hazen voorstelt, is te zien in de middeleeuwse dom van Paderborn. Uit dezelfde tijd stamt ook het **stadhuis**. Het is gebouwd in de stijl van de zogeheten Weserrenaissance en maakt vooral indruk met zijn drie siergevels.

Les trois lapins

La figurine de l'emblème de la ville de **Paderborn**, la « Drei-Hasen-Fenster » (fenêtre des trois lièvres), offre une illusion d'optique. On distingue bien trois lièvres, mais seulement trois oreilles au lieu des six attendues. Le vitrail qui les trois animaux courant en cercle fut bâti sur mesure au XVIe siècle et est une composante de la Cathédrale de Paderborn datant du Moyen-Âge. **L'hôtel de ville**, construit dans le style de la Weserrenaissance, provient de la même époque et se distingue notamment par ses trois pignons ornementés.

Ostwestfalen-Lippe

Gelebte Tradition

Zwischen Teutoburger Wald und Weserbergland wird Tradition groß geschrieben, zumindest in dem Städtchen **Schieder-Schwalenberg**. Hier legt man nicht nur Wert auf die Pflege der mittelalterlichen Gebäude, in Schwalenberg wird auch die althergebrachte Kultur bewahrt. In überlieferten Trachten pflegt die Trachtengilde Schwalenberg den Volkstanz der Region und lädt alle zwei Jahre zum Internationalen Trachtenfest ein. Aus allen Teilen der Welt kommen dann die Trachtengruppen, um zusammen zu tanzen und zu musizieren.

Living tradition

Traditions are held high in the region between Teutoburg Forest and Weserbergland. At least in the tiny town **Schieder-Schwalenberg**. Not only are the medieval buildings lovingly cared for, time-honoured culture is also preserved in Schwalenberg. Dressed in original costume, the Trachtengilde Schwalenberg keeps alive the local folk dance and holds a biennial international costume festival. Then traditional costume groups from all over the world gather here to dance and play music together.

Levende traditie

In het stadje **Schieder-Schwalenberg** tussen het Teutoburger Wald en het Weserbergland wordt traditie hoog in het vaandel gedragen. Hier hechten de mensen niet alleen waarde aan het behoud van de middeleeuwse gebouwen, maar ook aan de eeuwenoude cultuur. Het folkloristische gilde van Schwalenberg zorgt ervoor dat traditionele dansen en de klederdracht niet in de vergetelheid geraken, en organiseert om de twee jaar een internationaal klederdrachtfestijn. Dan komen folkloregroepen van heinde en ver om samen te dansen en musiceren.

Respect des traditions

Entre la Forêt de Teutoburg et le Weserbergland, la tradition joue un rôle important et tout particulièrement à **Schieder-Schwalenberg**, où ses habitants veillent à l'entretien conforme des bâtiments datant du Moyen-Âge. À Schwalenberg, les coutumes traditionnelles sont toujours bien ancrées, preuve en est que tous les deux ans y est organisée la fête internationale des costumes folkloriques, où se retrouvent des groupes folkloriques du monde entier.

Barockes Schloss

Es war Ludwig der Fromme, der im Jahre 815 auf Wunsch seines Vaters die Propstei Hethis errichten ließ, aus der sieben Jahre später das **Kloster Corvey** hervorging. Dieses entwickelte sich dank wertvoller Reliquien in der Folgezeit zu einem bedeutenden Wallfahrtsort. Während des Dreißigjährigen Krieges vollständig zerstört, wurde die Klosteranlage bis 1750 wieder aufgebaut und erhielt dabei ihr barockes Antlitz, von dessen Pracht sich Besucher – insbesondere zwischen April und November, wenn auch die Innenräume zu besichtigen sind – ein Bild machen können.

Baroque palace

It was Ludwig the Pious who in 815 responded to his father's wishes and had the provostery Hethis built which seven years later became **Corvey Monastery**. Because it housed precious reliquaries, this monastery evolved into an important pilgrimage site. The building was destroyed entirely during the Thirty Years War but by 1750 the monastery complex had been rebuilt and given its Baroque appearance, the grandeur of which visitors come to see, especially from April to November, when the interior can also be visited.

Barok kasteel

Het was Lodewijk de Vrome die in 815 op wens van zijn vader de proosdij Hethis liet bouwen, waaraan zeven jaar later het **klooster Corvey** ontsproot. Dankzij zijn kostbare relikwieën groeide het klooster in de eeuwen erna uit tot een belangrijk bedevaartsoord. Nadat het complex in de Dertigjarige Oorlog volledig was verwoest, werd het nog voor 1750 op schitterende wijze in barokke stijl hersteld. Daarvan kan de bezoeker zich – vooral tussen april en november, wanneer ook de vertrekken bezichtigd kunnen worden – uitgebreid laten overtuigen.

Château baroque

C'est en mémoire de son père, Charlemagne, que l'empereur Louis le Pieux fonda en 815 à Hethis, non loin de Corvey, un Prévôté, qui, sept ans plus tard, devint le **Monastère de Corvey**, occupé par les moines bénédictins de Corbie sur Somme. Grâce à ses reliques précieuses, ce monastère est un lieu de pélerinage notoire. Pendant la Guerre de Trente Ans, il fut détruit puis reconstruit sous sa forme baroque actuelle et, d'avril à novembre, l'intérieur des lieux est accessible au public.

Niederrhein

Viel gepriesene Hetter

Brennhahnenfußnassweiden und Sumpfdotterblumenwiesen gehören zu den „Sehenswürdigkeiten" des **Naturschutzgebiets Hetter**, außerdem hüfthohes Großseggen-Gras, Tümpel und Teiche, die Vögel aller Arten als Brut-, Überwinter- und Rastplatz dienen. Die herrliche Landschaft nahe der niederländischen Grenze hat es nicht nur verdient, betrachtet, sondern auch, besungen zu werden. Und so dichtete Hanns-Dieter Hüsch ihr zu Ehren das Lied „Am Niederrhein am Niederrhein/da sind wir Schnepfen groß und klein/am liebsten auf der ganzen Welt/weil man uns hier am Leben hält ..."

Veelgeprezen natuurgebied

Natte gronden met kruipende boterbloemen en dotterbloemen behoren tot de bezienswaardigheden van het **natuurreservaat Hetter**. Het is ook het gebied van heuphoog rietgras en talloze vogelsoorten die hier op en aan de vele poelen en plassen broeden, overwinteren en rusten tijdens de trek. Het prachtige landschap langs de Nederlandse grens wordt niet alleen bewonderd, maar ook bezongen. Ter ere van hem schreef Hanns-Dieter Hüsch het lied "Aan de Niederrhein, aan de Niederrhein/daar zijn wij snippen groot en klein /het liefst op de hele wereld/omdat we hier goed kunnen zijn ..."

Much praised Hetter

Pastures with buttercups and meadows full of marsh marigolds are some of the attractions of the **Nature Reserve Hetter**, plus sedges, ponds and pools which are used by all kinds of birds for nesting, resting and spending the winter. The marvellous landscape close to the Dutch border is not only a favourite destination but has also inspired poets such as comedian Hanns-Dieter Hüsch who composed the following song: "Of all the places in the world/we snipes big and small/prefer to be by the Lower Rhine/because here we are taken care of..."

Un paysage poétique

Les prés humides de renoncule flammette et de bouton d'or sont les stars de la **fréserve naturelle Hetter**, tout comme les mares et les étangs qui servent de lieu de couvaison, d'hibernation et de repos à toutes sortes d'oiseaux. Le paysage à proximité de la frontière des Pays-Bas n'est pas seulement féérique, il mérite également d'être chanté ! Ainsi, l'auteur allemand Hanns-Dieter Hüsch a composé en son honneur une chanson commencant par: « Dans le Bas-Rhin, dans le Bas-Rhin/On nous aime le plus au monde/Nous, les bécasses petites et grandes/Ici, pour nous, la mort ne survient… ».

Überwinterungsplatz Niederrhein

Zehntausende arktischer Gänse nehmen jedes Jahr Kurs auf die weitläufigen Feuchtgebiete des unteren Niederrheins, wo sie die Monate von November bis Februar überwintern. Das ist die Zeit, in der die **Gemeinde Kranenburg** zur zentralen Anlaufstation für Ornithologen, Wanderer und Ausflügler wird, die von dieser beschaulichen 750 Jahre alten Ortschaft zu den Überwinterungsplätzen der Wildgänse pilgern, um diesem Naturspektakel beiwohnen zu können.

Overwinteren in Noordrijn-Westfalen

Jaar voor jaar nemen tienduizenden arctische ganzen koers op de uitgestrekte natte gronden van de Beneden-Niederrhein, waar ze van november tot februari overwinteren. Dit is de tijd dat de gemeente **Kranenburg** het uitgelezen reisdoel is van ornithologen, wandelaars en dagjesmensen. Vanuit de anders zo rustige, 750 jaar oude plaats wandelen ze dan massaal naar de overwinteringsplaatsen van de wilde ganzen, om dit natuurspektakel te kunnen aanschouwen.

Hibernating in the Lower Rhine Plains

Every year, ten thousands of Arctic geese set course for the extensive lowlands of the Lower Niederrhein area, where they hibernate from November to February. This is the time when the community of **Kranenburg** is transformed into the centre of attraction for ornithologists, wanderers and people on an outing. They walk from the tranquil little town, which is 750 years old, to the hibernating sites of the wild geese, avid to experience this natural spectacle.

Hibernation dans le Bas-Rhin

Chaque année, des dizaines de milliers d'oies arctiques se rassemblent sur les vastes étendues marécageuses du Bas-Rhin inférieur, pour y hiberner de novembre à février. Ce phénomène faunique attire des ornithologues comme des randonneurs et des excursionnistes dans la commune de **Kranenburg**, fondée il y a 750 ans de cela.

Niederrhein

Rheinlandschaften in Öl

Er zählt zu den bedeutendsten Landschafts- und Porträtmalern der Romantik, Barend Cornelis Koekkoek. In den Niederlanden geboren, kam er mit 31 Jahren nach Kleve – fasziniert von den deutschen Rheinlandschaften. Sein üppiges Wohnhaus, das **Koekkoek-Haus**, in dem er jahrelang eine Zeichenschule betrieb, ist heute das Künstlerhaus der Stadt Kleve. In den prächtig ausgestatteten Räumen kann man – neben verschiedenen wechselnden Ausstellungen – das Werk Koekkoeks bewundern.

Rhine landscapes in oil

Barend Cornelis Koekkoek counts amongst the most important landscape and portrait painters of Romanticism. He was born in the Netherlands and came to Kleve aged 31, where he was fascinated by the landscape along the Rhine river banks. Today, his extensive living quarters where he also ran a drawing school, the **Koekkoek-Haus**, is the art centre of the town of Kleve. Apart from temporary exhibitions, the beautifully furnished rooms display the works of Koekkoek.

Rijnlandschappen in olieverf

Barend Cornelis Koekkoek was een van de meest vooraanstaande romantische landschap- en portretschilders. De in Nederland geboren kunstenaar verhuisde op 31-jarige leeftijd naar Kleve, aangetrokken door de landschappen langs de Rijn. Zijn royale huis, het **Koekkoek-Haus**, waar hij jarenlang een tekenschool leidde, is nu het kunstenaarshuis van de stad Kleve. In de prachtige ingerichte vertrekken kunnen de bezoekers behalve het werk van Koekkoek ook andere, wisselende exposities bewonderen.

Peintures à l'huile rhénanes

Barend Cornelis Koekkoek compte parmi les peintres de paysages et de portraits les plus notoires de l'époque romantique. Né aux Pays-Bas, il vint habiter à Kleve, à l'âge de 31 ans, fasciné par les paysages rhénans allemands. Sa somptueuse maison, la **Koekkoek-Haus**, où il enseigna pendant de longues années le dessin, est aujourd'hui la maison des artistes de la ville de Kleve. Dans les pièces luxueusement aménagées, le visiteur peut admirer l'oeuvre de Koekkoek, à côté de différentes expositions changeantes.

Der Garten Eden am Niederrhein

Wo der Pirol zwitschert, der Kiebitz mit einstimmt und die Rohrdommel antwortet, muss sich ein einmaliges Naturidyll befinden. Und tatsächlich: Viele, darunter auch vom Aussterben bedrohte Vogelarten finden sich zur Brutzeit in einer der letzten Auenlandschaften Deutschlands ein – der **Bislicher Insel**. Durch das alljährliche Hochwasser des Rheins im Jahre 1200 entstanden, ist das Naturschutzgebiet nicht nur ein Paradies für Ornithologen. Auch der sonntägliche Spaziergang wird hier zum Erlebnis.

Garden Eden on the Lower Rhine

A place where oriole sings in unison with lapwing and bittern must be a unique natural idyll. In fact when it's breeding time, many birds, amongst them also endangered species, come to one of Germany's few remaining water meadow landscapes, the **Bislicher Insel**. The nature sanctuary which evolved in 1200 due to the high waters of the Rhine is a paradise for ornithologists and Sunday promenaders alike.

Het hof van Eden aan de Niederrhein

Een gebied waarin de wielewaal zingt, de kieviet over de akker scheert en de roerdomp geduldig staat te wachten, mag zeer zeker bijzonder worden genoemd. Inderdaad treffen we in de **Bislicher Insel**, een van de laatste uiterwaarden van Duitsland, veel vogelsoorten aan, waaronder ook bedreigde soorten, die hier komen om te broeden. Dit na een overstroming van de Rijn in 1200 ontstane natuurgebied is niet alleen een eldorado voor ornithologen, ook de traditionele zondagmiddagwandeling is hier een belevenis.

Jardin d'Éden bas-rhénan

Où le loriot, le vanneau et le butor étoilé chantent de concert, le décor ne peut être que paradisiaque. Et, vraiment, nombre d'espèces d'oiseaux – dont certaines menacées de disparition – viennent se rassembler pour la couvaison dans l'une des dernières plaines alluviales naturelles d'Allemagne : la **Bislicher Insel**. Formée par la crue annuelle du Rhin en l'an 1200, la réserve naturelle n'est pas seulement un paradis sur terre pour les ornithologues. La promenade du dimanche y laisse également un souvenir inoubliable.

Niederrhein

Englischer Garten am Niederrhein

In der baumkargen Landschaft des Niederrheins stellen die alten Baumbestände der **Gärten von Schloss Dyck** ein außergewöhnliches Kleinod dar. Vor der prachtvollen Kulisse des Barockschlosses, das auf eine mittelalterliche Festungsanlage zurückgeht und zu den bedeutendsten Schlössern am Niederrhein zählt, führen geschwungene Wege durch alten Gehölzpflanzungen, kleine Blumeninseln, weiten Rasenflächen und eine beeindruckende Maronenallee.

English Garden on the Lower Rhine

The landscape of the Lower Rhine area does not boast of many trees, so the old trees of the **Schloss Dyck** gardens are an exceptional treasure. With the magnificent backdrop of the baroque palace, which goes back to a medieval fortress and counts among the most outstanding palaces of the Lower Rhine area, winding paths lead the way to old groves, blooming islands of flowers, extensive lawns and an impressive avenue of sweet chestnuts.

Engelse tuinen aan de Niederrhein

In het dun beboste landschap langs de Niederrhein vormen de oude boomgaarden in de tuinen van **Schloss Dyck** een heel bijzonder kleinood. Tegen het decor van het pronkvolle barokke kasteel, dat ooit een middeleeuwse vesting was en tot de belangrijkste kastelen aan de Niederrhein hoort, voeren kronkelpaden door oude boomaanplant, langs vrolijke bloemperken en uitgestrekte gazons en door een prachtige laan met tamme kastanjebomen.

Jardin anglais au bord du Bas-Rhin

Les groupes d'arbres plus que bicentenaires ornant les jardins du **Schloss Dyck** contrastent admirablement avec le paysage peu boisé du Bas-Rhin. Les majestueuses avant-cours du château baroque – ancienne fortification médiévale comptant parmi les châteaux les plus notoires du Bas-Rhin – invitent à la promenade sur des sentiers bordés de bosquets anciens, de délicates îles de fleurs et de vastes pelouses.

An dieser Stelle sollst du mir ein Kapellchen bauen!"

Es war der Ausruf der Heiligen Jungfrau selbst, die den Händler Hendrick Busman dazu veranlasste, in Kevelaer einen der wichtigsten europäische Wallfahrtsorte zu begründen. Auch seine Frau hatte eine Marienerscheinung, die ihr das Bild zeigte, welches in der Kapelle verehrt werden sollte. Das Ehepaar sparte nun auf den Bau einer Kapelle – die heute in die prächtige sechseckige **Gnadenkapelle** integriert ist und jährlich Zehntausende Pilger anzieht.

"Here you shall build a small chapel dedicated to me!"

It was this exclamation by the Virgin Mary that made merchant Hendrick Busman found one of the most important European pilgrimage sites in **Kevelaer**. His wife also had a vision of the Virgin which showed her the painting to be venerated in her chapel. So the couple saved all their money to build the chapel which today is integrated into the hexagonal Gnadenkapelle (chapel of mercy) and is visited every year by ten thousands of pilgrims.

"Hier zult gij voor mij een kapelletje bouwen!"

Het was deze uitspraak van de Heilige Maagd die de koopman Hendrick Busman ertoe bracht om in **Kevelaer** een van de belangrijkste Europese bedevaartsoorden te stichten. Maria verscheen ook aan zijn vrouw. Zij toonde haar het beeld dat in de kapel vereerd moest worden. Vanaf dat moment spaarde het paar elke cent voor de bouw van een kapel die ook nu nog deel uitmaakt van de schitterende zeshoekige genadekapel en jaarlijks duizenden pelgrims aantrekt.

« Construis-moi une chapelle à cet endroit ! »

Le 25 décembre 1641, la Vierge apparaît au marchand Hendrik Busman. Le lendemain, son épouse raconte qu'elle a vu en rêve « une chapelle dans une lumière merveilleuse ». Grâce aux économies du couple, la prestigieuse chapelle hexagonale fut construite à **Kevelaer**, aujourd'hui l'un des lieux religieux les plus fréquentés en Europe, attirant chaque année des dizaines de milliers de pèlerins.

Kein ungestalter Riese

Seit 1995 mahlt sie wieder Korn zu feinstem Mehl: die **Steprather Mühle** in Walbeck. Sie wurde 1452 als eine der nur im Rheinisch-westfälischen beheimatete Turmwindmühlen mit drehbarer Haube erbaut. Für die Bewohner Walbecks schien es der sprichwörtlicher Kampf gegen Windmühlen zu werden, als sie seit den 1960ern versuchten, die damals stillgelegte Mühle zu erhalten. Doch anders als für Don Quijote erwies sie sich nicht als ungestalter Riese, dem die Walbecker unterlagen – vielmehr wurde sie meisterlich restauriert und ist heute die älteste intakte Mühle Deutschlands.

Not an ugly giant

Since 1995, the **Steprather Mühle in Walbeck** is once again grinding grains to produce fine flour. The mill was constructed in 1452, a tower windmill with moveable crest, such as was only known in the Rhenish-Westphalian region. To the inhabitants of Walbeck it seemed like the proverbial tilting at windmills when in the 1960s they began fighting for the preservation of the windmill which at the time was being closed down. But, unlike Don Quixote, it did not turn out to be a giant worth fighting against but indeed a masterpiece worth fighting for: today, it is the oldest intact mill in all of Germany.

Geen vervaarlijke reus

Sinds 1995 maalt hij het koren weer tot meel, de **Steprather Mühle in Walbeck**. De in 1452 gebouwde molen is een torenmolen met een draaibare kap, een type dat alleen in het Rijngebied van Westfalen voorkwam. Voor de inwoners van Walbeck leek het de spreekwoordelijke strijd tegen windmolens te worden, toen ze vanaf de jaren 1960 allerlei pogingen in het werk stelden om de molen te behouden. Maar anders dan bij Don Quichot was deze molen geen vervaarlijke reus, waartegen niet viel te vechten. Integendeel, hij werd meesterlijk gerestaureerd en is nu de oudste nog functionerende graanmolen van Duitsland.

Géant, mais pas informe

Le moulin **Steprather Mühle** à **Walbeck**, édifié en 1452, transforme à nouveau le blé en une farine très fine depuis 1995. Il faut savoir que ce type de moulins-tours à toiture pivotante a seulement été construit en Rhénanie-du-Nord-Westphalie. Pour les habitants de Walbeck, un combat non pas contre, comme dans le roman Don Quichotte, mais en faveur du moulin à vent désaffecté avait commencé dans les années 1960. Restauré de façon exemplaire, il est aujourd'hui le plus ancien moulin intact d'Allemagne.

Frisch vom Bauernhof

Erntefrisches Obst und Gemüse, Eier aus Freilandhaltung oder Sonnenblumen frisch vom Feld: Auf den **Bauernmärkten** in Rheinland und am Niederrhein ist das nur die Grundlage des wöchentlichen Angebots. Hier, wo die Natur die Bauern mit guten Ernten bedenkt, findet in beinahe jeder Stadt ein wöchentlicher Bauernmarkt statt, auf dem es vom Bio-Apfel über frisch gekochte Marmelade bis zur Schnittblume alles gibt, was ein Bauernhof so hergibt.

Fresh from the farm

Fresh fruit and vegetables, free-range eggs and sunflowers directly from the field: these are some of the offers at the weekly **farm markets** in the Rhineland and the Lower Rhine region. Nearly every town hosts a weekly farm market – after all, nature here spoils the farmers with rich harvests and the offers range from organic apples via home-made jam to fresh cut flowers, in short, anything that is produced on a farm.

Vers van de boer

Vers fruit en verse groente, eieren van scharrelkippen en versgeplukte zonnebloemen – op de wekelijkse **boerenmarkten in het Rijnland** en langs de Niederrhein is dit slechts een klein deel van het grote assortiment. Hier, waar de natuur de boeren rijke oogsten schenkt, vindt in bijna elke stad en elk dorp wekelijks een boerenmarkt plaats. U kunt er alles krijgen wat een moderne boerderij zoal produceert, van bio-appels en verse jam tot snijbloemen.

Tout frais de la ferme

Les fruits et les légumes frais, les oeufs de poules élevées en plein air ou encore les tournesols fraîchement cueillis ne constituent que le b.-a. ba de l'offre hebdomadaire des **marchés paysans rhénans** et bas-rhénans. Grâce aux bonnes récoltes, ce type de marché hebdomadaire a lieu dans quasiment toutes les villes. De la pomme bio aux fleurs coupées en passant par la confiture faite maison, on y trouve tous les produits fermiers.

Natur erleben

Nicht nur zur Sommerzeit sind die **Krickenbecker Seen** in Nettetal ein wahres Erlebnis. Umgeben von verschneiten Wäldern lässt sich etwa auf dem Schrolik-See eislaufen. Wer zuvor erfahren möchte, dass die vier Seen durch Abtorfung entstanden sind, der kann sich in der Biologischen Station über die Region, die heimische Pflanzen- und Tierwelt und die Entstehung von Torfmooren informieren, bevor er das eben Gelernte gleich in der freien Natur entdeckt.

Experiencing nature

The **Krickenbecker Lakes** in Nettetal are a true experience, and not only in the summertime. How about ice-skating on Schrolik lake, surrounded by snowy woods? If you would like to know more about the four lakes that developed due to peat digging, visit the Biologische Station which informs about the region, the local flora and fauna and the origin of peat bogs. Then you can venture out to discover in the open what you have just learned.

De natuur beleven

Niet alleen 's zomers zijn de **Krickenbecker Seen** in Nettetal een echte belevenis. Omgeven door besneeuwde bossen kun je er 's winters prima schaatsen, zoals op het Schrolik-meer. Wie echter eerst wil ontdekken hoe de vier meren door turfafgravingen zijn ontstaan, kan zich in het 'Biologische Station' uitgebreid informeren over de streek, de inheemse planten- en dierwereld en het ontstaan van turfveen. En daarna de natuur in, om de opgestoken kennis in praktijk te brengen.

Découvrir la nature

Les **Lacs de Krickenbeck**, à Nettetal, ne valent pas seulement un détour en été. Bordé de magnifiques forêts enneigées, le Lac Schrolik invite à une partie de patinage sur glace. Aux visiteurs intéressés, la station biologique offre un complément d'information sur les quatre lacs formés à la suite d'un détourbage, la faune et la flore locales et la formation des tourbières.

Luftschnappen

Man muss nicht weit fahren, um der dicken Luft der städtischen Ballungsgebiete an Rhein und Ruhr zu entkommen. Luftschnappen kann man schon ein paar Kilometer weiter entlang der deutsch-niederländischen Grenze. Dort erstreckt sich auf 10.000 Hektar der **Naturpark Maas-Schwalm-Nette,** mit weiten Flussauen in einer typisch niederrheinischen, unberührten Natur. In Heide, Moor und Wald trifft man selten eine Menschenseele – stattdessen kann man mit etwas Glück scheue Füchse, Kormorane und Eisvögel beobachten.

Snatching fresh air

One does not have to drive far to escape the thick air of the congested urban areas along Rhine and Ruhr. Just a few kilometres away, along the Dutch-German border lies **Naturpark Maas-Schwalm-Nette**, a nature reserve extending over 10,000 hectares with wide flood plains set in the untouched nature typical of the Lower Rhine. One hardly ever meets a soul in these moors, marshes and woods – but with some luck one might be able to watch a shy fox, cormorants or halcyons.

Frisse lucht

Je hoeft niet ver te rijden om te ontsnappen aan de muffe lucht van de industriële centra en de grote steden langs Rijn en Ruhr. Frisse lucht happen kun je al een paar kilometer verderop aan de Duits-Nederlandse grens. Daar strekt zich het 10.000 hectare grote **natuurpark Maas-Schwalm-Nette** uit, een gebied met weidse uiterwaarden, hei, broekland en bossen in een voor de Niederrhein typische, ongerepte natuur. Mensen kom je hier maar zelden tegen, maar met een beetje geluk wel schuwe vossen, aalscholvers en ijsvogels.

Prendre l'air

Pour échapper à l'air pesant des conurbations entre le Rhin et la Ruhr, il ne faut pas aller bien loin. Il suffit par ex. de parcourir quelques kilomètres en direction de la frontière germano-néerlandaise pour trouver une région qui abrite le **Parc naturel Maas-Schwalm-Nette**. Ce dernier s'étend sur 10 000 hectares, et offre de larges zones alluviales dans un espace naturel intact et typiquement bas-rhénan. S'il est rare de rencontrer âme qui vive dans les landes, marais et forêts, le plaisir d'observer un renard farouche, des cormorans et des martins-pêcheurs n'est pas exclu !

Kunst ohne Umwege

Kulturinteressierte haben es in **Mönchengladbach** ganz besonders gut: Nur ein kurzer Spaziergang reicht aus, um ein breit gestreutes Kunstrepertoire besichtigen zu können. Alles beginnt auf dem Abteiberg mit dem Münster St. Vitus aus dem 12./13. Jahrhundert, das sakrale Kunstschätze des Mittelalters bereithält. Nur wenige Schritte weiter, und schon lockt das preisgekrönte Museum Abteiberg mit seiner neuzeitlichen Kunst. Und von hier aus? Skulpturenpark, Baudenkmäler, Kirchen oder ein Jugendstil-Wasserturm – alles liegt in unmittelbarer Nähe.

Art without detours

Those who are interested in culture are especially spoilt in **Mönchengladbach**, as a short stroll suffices to cover a wide range of artistic showpieces. Start on the Abteiberg, abbey hill, with the St Vitus Minster dating from the 12th/13th century that houses a treasure of sacral works of art from the Middle Ages. Just a few steps further on lies the award-winning Museum Abteiberg with an enticing collection of modern art. And from there on, you can visit the Sculpture Park, architectural monuments, churches or a turn-of-the-century water tank – everything in the immediate vicinity.

Compacte kunst en cultuur

Mensen met belangstelling voor cultuur komen in **Mönchengladbach** volop aan hun trekken. Om het brede kunstaanbod van de stad te kunnen bezichtigen, hoeft u overigens niet ver te lopen. De wandeling begint bij de St.-Vitus-basiliek uit de twaalfde en dertiende eeuw, waar sacrale kunstschatten uit de middeleeuwen worden bewaard. Op een steenworp afstand lokt het bekroonde Museum Abteiberg met zijn hedendaagse kunst, en ook het Skulpturenpark, de jugendstilwatertoren en diverse historische gebouwen en kerken liggen op loopafstand.

Art à proximité

La ville de **Mönchengladbach** est d'un attrait tout particulier pour les adeptes de culture. Une courte promenade ne suffira pas pour admirer d'un seul coup toutes les curiosités artistiques proposées. L'histoire de la ville débute sur l'Abteiberg avec la Cathédrale St. Vitus datant des XIIe/XIIIe siècles qui renferme des trésors sacrés du Moyen-Âge. Le Museum Abteiberg situé à proximité attire les visiteurs avec ses oeuvres d'art modernes. À quelques pas seulement du musée, on trouve un parc de sculptures, des monuments, des églises ou encore une tour d'eau Art Nouveau.

Ja so woans die alten Rittersleut

Alljährlich im August reist **Schloss Rheydt** in Mönchengladbach ins höfische Mittelalter zurück. Barden, Gaukler, kühne Recken und holde Frauen bevölkern dann das charmante Renaissanceschloss und stellen das mittelalterliche Leben bei Hof anhand von Turnieren, Festgelagen und Märkten dar. Den Rest des Jahres geht es fast ebenso bunt auf Schloss Rheydt zu: Dann locken die Teppich- und Majolika-Ausstellungen und die museale Wunderkammer zahlreiche Besucher an.

Thus lived the knights in olden days

Every year in August, **Schloss Rheydt** in Mönchengladbach returns to medieval court life. Bards, jugglers, valiant heroes and fair ladies populate the charming Renaissance palace and demonstrate what life in the Middle Ages was like, showing tournaments, feasts and markets. But Schloss Rheydt is equally colourful during the other months of the year, when there are carpet and majolica exhibitions and a chamber of miracles museum, attracting numerous visitors.

Terug naar de riddertijd

Elk jaar in augustus gaat **Schloss Rheydt** in Mönchengladbach terug naar de tijd van het middeleeuwse hoofse leven. Minstrelen, goochelaars, moedige ridders en schone vrouwen bevolken het fraaie renaissancekasteel en tonen het leven van toen aan de hand van toernooien, festijnen en markten. De rest van het jaar gaat het er hier overigens niet minder bont aan toe. Dan trekken de tapijten- en majolica-exposities en de 'Kunst- und Wunderkammer' van het kasteelmuseum talloze bezoekers aan.

Retour au Moyen-Âge

Chaque année, au mois d'août, le **Château de Rheydt** à Mönchengladbach remonte à l'époque du Moyen-Âge. Bardes, saltimbanques, chevaliers téméraires et belles dames de jadis peuplent alors le charmant château de la Renaissance et, à l'occasion de tournois, de festins et de marchés, font revivre la vie à la cour à cette époque. Le restant de l'année, les expositions de tapis Majolika et d'autres tapis ainsi que la « chambre aux merveilles » muséale attirent nombre de visiteurs au Château de Rheydt.

Schmuckstücke der Gartenkunst

Sie sind gleich beide Teil der „Straße der Gartenkunst" zwischen Rhein und Maas: der **Sollbrüggenpark** und der **Schönhausenpark** in Krefeld. Beide an die Formgebung der englischen Landschaftsgärten angelehnt, schmiegen sie sich um die herrschaftlichen Villen zweier Krefelder Textilunternehmer. In ihrer Abgeschlossenheit, ihrem Wegenetz, das sich um Gehölzgruppen, kleine Teiche und idyllischen Lichtungen windet, sind die beiden Parks herrliche Beispiele für die Villengärten des 19. Jahrhunderts.

Gems of horticulture

Both of them are part of the "road of horticulture" between Rhine and Maas: **Sollbrüggenpark** and **Schönhausenpark in Krefeld**. And both are inspired by the English landscape garden, snuggling up to the grand villas of two textile merchants from Krefeld. With their seclusion and web of paths winding along copses, small ponds and idyllic clearings, these two parks are excellent examples of 19th-century villa gardens.

Juwelen van tuinen

Beide parken maken deel uit van de 'straat van de tuinkunst' tussen Rijn en Maas: het **Sollbrüggenpark** en het **Schönhausenpark in Krefeld**. Beide zijn gebaseerd op de principes van de Engelse landschapstuinen en omgeven geheel in stijl de voorname villa's van twee textielondernemers uit Krefeld. Dankzij het afgeronde karakter en het net van wandelpaden dat de boomgroepen, kleine vijvers en idyllische open plekken doorkruist, vormen beide parken prachtige voorbeelden van negentiende-eeuwse villatuinen.

Art jardinier

Le **Sollbrüggenpark** et le **Schönhausenpark à Krefeld** se situent tous deux sur la « route des jardins entre le Rhin et la Meuse ». Copies conformes des jardins paysagers anglais, ils se blottissent contre de somptueuses villas. Les sentiers se faufilant autour de groupes de bosquets, de petits étangs et de clairières romantiques reflètent les jardins des villas au XIXe siècle.

Zeitreise ins Mittelalter

Im Osten der Seidenstadt **Krefeld** liegt der Stadtteil **Linn**. Wer den historischen Ortskern besucht, fühlt sich angesichts der imposanten Burg Linn samt Befestigungsanlagen, den alten Höfen sowie dem Kirch- und Marktplatz ins Mittelalter versetzt. Dieser Eindruck wird alljährlich am Pfingstwochenende verstärkt: Dann findet in Linn der Flachsmarkt – Deutschlands größter Handwerkermarkt – statt, auf dem die Aussteller meist in zeitgenössischer Kleidung zu sehen sind.

Time travels to the Middle Ages

To the east of silk town Krefeld lies the district called **Linn**. Visiting the historic town centre with impressive Linn castle and its battlements, the old yards, church- and market square makes one feel as if transported into the Middle Ages. And this impression is even more enhanced every year during the Whitsun weekend, when the Flachsmarkt is staged in Linn, Germany's largest handicrafts market, where most exhibitors dress up in traditional costumes.

Tijdreis naar de middeleeuwen

In het oosten van de zijdestad Krefeld ligt het stadsdeel **Linn**. Bezoekers van het historische centrum ervaren de aanblik van de imposante versterkte Burg Linn, de oude binnenplaatsen en het kerk- en marktplein als een reis naar de middeleeuwen. Deze indruk wordt nog eens versterkt als in het Pinksterweekend elk jaar weer de vlasmarkt ('Flachsmarkt') plaatsvindt, de grootste van Duitsland. Bijna alle exposanten dragen dan middeleeuwse kledij.

Retour au Moyen-Âge

À l'Est de Krefeld, ville de la soie, se situe le quartier **Linn**. La vieille-ville porte encore la marque du Moyen-Âge, avec son imposant château Linn et ses fortifications, ses cours antiques et sa place de l'église et du marché. Les amateurs de cette époque apprécieront le Flachsmarkt, où chaque année, le lundi de Pentecôte, a lieu le plus grand marché artisanal d'Allemagne avec des marchands vêtus en costumes d'époque.

Ein Tag Urlaub

Wie Perlen auf einer Schnur reihen sich Burgen, Renaissancehäuser, mittelalterliche Mühlen und barocke Gehöfte **entlang der Niers** auf. Am schönsten kommen sie zur Geltung, wenn man dem niederrheinischen Flüsschen mit dem Fahrrad oder gar per Boot folgt. Dann paddelt man durch stille Natur, sieht etwa Haus Caen, die Mühle von Haus Schravelen, Schloss Wissen und Kloster Graefenthal vorbeiziehen, und wo es besonders gefällt, geht es zu einem ausgiebigen Picknick an Land.

One-day holiday

Castles, Renaissance villas, medieval mills and Baroque estates are lined up **along the Niers** like pearls on a string. They are best viewed riding along the banks of the Dutch rivulet by bicycle or, better even, rowing along in a boat, paddling through the tranquil landscape and passing Haus Caen, the mill of Haus Schravelen, Wissen castle and Graefenthal monastery, stopping wherever a beautiful picnic spot appears.

Niederrhein

Vacances d'un jour

Tel un collier de perles, châteaux, maisons de la Renaissance, moulins médiéval et fermes baroques **sillonnent la Niers**. La bicyclette et le kayak sont de parfaits moyens de locomotion pour partir à la découverte de ce partrimoine constitué entre autres, de la Haus Caen, du moulin de Schravelen, du Château Wissen et du Monastère de Graefenthal. L'avantage de voyager à vélo ou sur l'eau, c'est que l'on peut s'arrêter à sa guise pour un bon pique-nique.

Napoleon auf der Spur

Um einen direkten Weg von der Maas zum Rhein zu erhalten, gab Napoleon 1806 den Bau des **„Grand Canal du Nord"**, den Nordkanal, in Auftrag. Zwar wurden der Kanal nie vollendet und die Bauarbeiten bereits 1811 eingestellt, aber noch heute sind Teile dieser technischen Meisterleistung erhalten. Kanäle, Schleusen, Schleusenhäuschen und Dämme lassen sich am besten erkunden, wenn man per Fahrrad der Fietsallee folgt, einem der Strecke des Nordkanals folgenden Fahrradweg.

On Napoleon's trail

In order to have a direct connection between the rivers Maas and Rhine, Napoleon in 1806 commissioned the construction of the "Grand Canal du Nord", the **Nordkanal**. Although it was never finished and construction stopped in 1811, parts of this technical masterpiece can still be seen. Canals, locks, lock warden's cottage and dams can best be detected cycling along the Fietsallee, a bicycle path which runs alongside the "North Canal".

Op het spoor van Napoleon

Om een directe verbinding tussen Maas en Rijn te verkrijgen, liet Napoleon in 1806 een begin maken met de aanleg van het 'Grand Canal du Nord', het **Nordkanal**. Hoewel het kanaal niet werd voltooid en de werkzaamheden in 1811 werden gestaakt, zijn grote delen van dit ambitieuze project bewaard gebleven. De kanalen, sluizen, sluiswachterhuisjes en aardwallen verkent u het beste met de fiets via de 'Fietsallee', een rijwielpad dat direct langs het geplande tracé van het Nordkanal voert.

Net vakantie

Hier langs de **rivier de Niers** liggen de kastelen, renaissancehuizen, middeleeuwse molens en barokke landerijen als parels aan een snoer. Het mooist komen ze tot hun recht wanneer je de smalle stroom met de fiets volgt of, nog beter, ze vanaf het water bekijkt. Peddelend door de stille natuur kom je langs Haus Caen, de molen van Haus Schravelen, Schloss Wissen en klooster Graefenthal. De tocht wordt helemaal perfect met een uitgebreide picknick aan wal.

Sur les traces de Napoléon

En 1806, Napoléon ordonna la construction du « Grand Canal du Nord » (**Nordkanal**) pour accéder directement au Rhin depuis la Meuse. Les travaux furent abandonnés en 1811, mais certaines parties de cet exploit technique subsistent encore de nos jours. Les canaux, écluses, maisons éclusières et digues se découvrent idéalement à vélo, en suivant la Fietsallee, piste cyclable longeant le Nordkanal.

Technische Sensation

Als ein Wunderwerk der Technik wurde es gefeiert und 1899 höchstpersönlich von Kaiser Wilhelm II. eingeweiht: das alte **Schiffshebewerk Henrichenburg** in Waltrop. Rund 25 Minuten benötigte der Koloss aus Stahl und Stein, um ein Schiff von bis zu 600 Tonnen über die 14 Meter hohe Kanalstufe des Dortmund-Ems-Kanals zu heben. Eine technische Meisterleistung, die den Schiffsverkehr zum Dortmunder Hafen gewährleistete. Und auch wenn das Hebewerk mittlerweile stillgelegt ist: Es hat nichts seiner Imposanz verloren.

Technical sensation

It was a miracle of technology and during the festive inauguration, held in 1899, Emperor Wilhelm II came himself to dedicate the ship canal lift, **Altes Schiffshebewerk Henrichenburg** in Waltrop. It took the stone-and-steel colossus a good 25 minutes to lift a ship weighing up to 600 tons over the 14-metre step of the Dortmund-Ems canal. A technical masterpiece which ensured navigation to and from Dortmund harbour. And even though the ship lift is now inoperative, it is still a mighty and imposing construction.

Technisch meesterwerk

Het werd als een wonder van de techniek beschouwd en in 1899 hoogstpersoonlijk door keizer Wilhelm II ingewijd: het **Schiffshebewerk Henrichenburg** in Waltrop. De kolos van staal en steen heeft ongeveer 25 minuten nodig om een schip van maximaal 600 ton op het 14 meter hoger gelegen Dortmund-Ems-Kanal te tillen. Een technisch meesterwerk dat het scheepvaartverkeer naar de haven van Dortmund veiligstelt. En ondanks dat de lift al lang buiten dienst is gesteld, heeft het niets van zijn imposante uitstraling verloren.

Merveille technique

Ancien ascenceur à bateaux de Henrichenburg à Waltrop, célébré comme une merveille technique et inauguré par l'Empereur Guillaume II en personne en 1899, ce colosse en acier et en pierre nécessitait près de 25 minutes pour soulever des péniches pesant jusqu'à 600 tonnes au-dessus de la dénivellation de 14 mètres sur le canal Dortmund-Ems. Il assura de longues années durant le trafic maritime vers le port de Dortmund. Et, même après sa désaffectation, il n'a rien perdu de son caractère imposant.

Festival in Industriedenkmälern

Im Sommer hat sich der Ruhrpott der Kultur verschrieben. Wo einst Kohle gefördert und Stahl hergestellt wurde, widmet sich die jährliche **RuhrTriennale** Musik, Theater, Literatur und Tanz. Die spektakulären Spielorte – wie die Jahrhunderthalle Bochum, Zeche Zollverein und der Landschaftspark Duisburg-Nord – werden dann großartig in Szene gesetzt und bieten den internationalen Stars wie Cecilia Bartoli, Bill Viola, Patti Smith oder Jan Fabre eine prächtige Kulisse.

Festival in industrial monuments

Summer in the Ruhr district is dedicated to culture. On the spots where once coals were hauled and steel produced, now the annual **RuhrTriennale** takes place, presenting musical and theatrical performances, literature and ballet. The amazing venues range from Jahrhunderthalle Bochum to Shaft Zollverein and Landscape Park Duisburg-Nord. They are genially staged and offer a fabulous backdrop for stars like Cecilia Bartoli, Bill Viola, Patti Smith or Jan Fabre.

Monumentaal festival

In de zomer staat de 'Ruhrpott' in het teken van de cultuur. Daar waar ooit steenkool werd gedolven en staal werd geproduceerd, gaat het bij de jaarlijkse **RuhrTriennale** om muziek, theater, literatuur en dans. Spectaculaire bouwwerken, zoals de Jahrhunderthalle in Bochum, de mijn Zollverein en het landschapspark Duisburg-Nord, worden dan op fantastische wijze omgetoverd tot een schitterend decor voor internationale stars zoals Cecilia Bartoli, Bill Viola, Patti Smith of Jan Fabre.

Festival très particulier

En été, le Bassin de la Ruhr, ancien « bassin à charbon », est entièrement consacré à l'art, au théâtre et à la musique pop et de concert. La **RuhrTriennale**, dont la renommée dépasse largement les frontières de la Rhénanie-du-Nord-Westphalie et de l'Allemagne, propose, de mi-août à mi-octobre, des manifestations culturelles dans des sites exceptionnels tels que la Jahrhunderthalle Bochum, la Zeche Zollverein et le Landschaftspark Duisburg-Nord.

Ferne Galaxien ganz nah

Wie oft ist der nächtliche Himmel so mit Wolken verhangen oder die künstlichen Lichter der Stadt so hell, dass der Blick auf den Sternenhimmel verwehrt bleibt? Dieses Problem findet im **Planetarium Bochum** seine Lösung, wo ein Zeiss-Projektor Tag für Tag das Firmament auf der 600 Quadratmeter umfassenden Innenkuppel erleuchten lässt. Über 9000 Sterne sind zu sehen, fernste Galaxien erscheinen auf einmal ganz nah, und dank ausgefeilter Computersimulationen sind auch die komplexesten kosmischen Zusammenhänge auf einmal zu verstehen.

Far away galaxies so close

Many times, the night sky is obscured by clouds or the city lights are so bright that one cannot properly see the starry sky. The solution to this problem is **Planetarium Bochum**, where every day a Zeiss projector depicts the firmament on the interior of a 600 square metres large cupola. There are more than 9000 stars to be seen, far away galaxies suddenly appear quite close and sophisticated computer simulation allows one to understand even the most complex cosmic relations

Met het hoofd in de sterren

Hoe vaak is de hemel 's avonds niet zo bewolkt of door de lichten van de stad zo verlicht dat je de sterren niet of nauwelijks kunt zien? Dit probleem werd simpel maar doeltreffend opgelost door het **Planetarium Bochum**. Hier projecteert een projector van Zeiss maar liefst 9000 sterren op het plafond van een 600 vierkante meter grote koepel. Sterrenstelsels heel ver weg lijken opeens heel dichtbij, en dankzij de geavanceerde computersimulaties kan iedere bezoeker ook tal van complexe kosmische verbanden begrijpen.

Galaxies lointaines à portée de vue

Les astronomes amateurs en quête d'un ciel sans nuages peuvent se rendre au **Planetarium de Bochum**, où le firmament est toujours affiché sur une coupole intérieure géante de 600 m^2 par un projecteur Zeiss. Grâce aux simulations par ordinateur très performantes, 9 000 étoiles et des galaxies lointaines sont, d'un seul coup, à portée vue, de quoi se faire une petite idée de l'infinie complexité de l'univers.

Fernab vom Gartenzwergklischee

Sie sind nicht selten der ganze Stolz ihrer Besitzer und werden sommers wie winters gehegt und gepflegt. Gemeint sind **Klein- bzw. Schrebergärten**, von denen es in Deutschland über eine Million gibt. Mehr als 80 000 befinden sich allein im Ruhrgebiet, nicht selten zwischen Bahndämmen und Industrieanlagen eingebettet. Diese aufzusuchen lohnt sich, denn sie sind ein nicht wegzudenkender Bestandteil der Lebenskultur im Revier, ein Mikrokosmos, in dem Nachbarschaftspflege und Erholung mindestens so bedeutsam sind wie eine gute Ernte.

Anything but cliché garden gnomes

Often enough, they are the whole pride of their owners and are lovingly tended summer and winter alike: small plots of land used as gardens, called **Schrebergärten** (allotments), of which there are more than one million in Germany. In the **Ruhr district** alone, there are over 80,000, often tucked in between railway embankments and industrial sites. They are well worth a visit because they are an integral part of every-day culture in the mining area: a microcosm where helping one's neighbour and relaxing are just as important as a rich harvest.

Het tuinkaboutercliché voorbij

Niet zelden zijn ze de trots van hun bezitters en worden ze zowel 's zomers als 's winters vertroeteld. We hebben het over **moestuinen**, waarvan er in heel Duitsland meer dan een miljoen zijn. Ruim 80.000 ervan treffen we aan in het **Ruhrgebied**, niet zelden tussen spoorwegtaluds en fabrieken. Een bezoek brengen aan moestuinen is de moeite waard. Ze vormen een onlosmakelijk onderdeel van het leven in dit gebied. Ze zijn een microkosmos, waar nabuurschap en ontspanning minstens even belangrijk zijn als een goede oogst.

Petits coins de paradis

Leurs propriétaires en sont souvent très fiers et leur accordent 365 jours de soins par an. Les **jardins ouvriers**, avec ou sans nains de jardin, sont très populaires en Allemagne. On y dénombre plus d'un million dont 80 000 dans le Bassin de la Ruhr. Ils sont pour la plupart du temps aménagés en bordure des lignes de chemin de fer et des sites industriels. Ces jardins constituent pour ainsi dire l'« âme » du Revier (district), un microcosme où la détente et les bonnes relations avec le voisinage jouent un rôle au moins aussi important qu'une bonne récolte.

Ruhrgebiet

Farbenspektakel bei Nacht

Wie so oft im Ruhrgebiet baut auch die Geschichte des **Landschaftsparks Duisburg-Nord** auf einem Drama auf: Nach 82 Jahren wurde das Hochofenwerk Duisburg-Meiderich im Jahre 1985 stillgelegt. Für das Revier ein schwerer Schlag, der zunächst eine große Lücke hinterließ. Mittlerweile ist aus dem 200 Hektar großen Gebiet ein Naherholungsgebiet mit Industriedenkmälern, Grünanlagen, einer spektakulären Tauch- und Kletterstation und anderen Freizeitangeboten entstanden. Seine ganze Faszination entfaltet das ehemalige Hüttenwerk bei Nacht, wenn es in bunten Farben angestrahlt wird.

Night-time colour spectacle

As in several other cases in the Ruhr area, the history of the **Landschaftspark Duisburg-Nord** is based on dramatic incidents: in 1985, the furnace works in Duisburg-Meiderich were closed down, after having been run for 82 years. This was a heavy blow for the entire coal district and left quite a void. In the meantime, the 200 hectares area has been turned into a recreational ground including industrial monuments, a unique diving and free-climbing station and various other leisure-time activities. But it is at night, when the former works grounds are illuminated by colourful spotlights, that its fascination is unfolded to the full.

Nachtelijk kleurenspektakel

Zoals zo vaak in het Ruhrgebied is ook het **landschapspark Duisburg-Nord** ontsproten aan een dramatische voorgeschiedenis. Na ruim tachtig jaar dienst werden de oude hoogovens in Duisburg-Meiderich in 1985 stilgelegd. Voor de regionale mijnstreek was dat een ramp, die een grote leemte veroorzaakte. Intussen is uit het voormalige, 200 hectare grote fabrieksterrein een recreatiegebied ontstaan met industriemonumenten, parken, een spectaculaire duik- en klimaccommodatie en andere recreatie- en sportmogelijkheden. Pas echt fascinerend wordt dit complex 's avonds, als het in bonte kleuren is verlicht.

Spectacle nocturne éclairé

La région de la Ruhr a été marquée par bien des drames au cours des années 1980. En 1985, l'usine des hauts-fourneaux de Duisburg-Meiderich fut désaffectée après 82 ans de service. Un coup dur pour le « Revier », laissant une grande surface en friche. Aujourd'hui, ce terrain de 200 hectares fait place au parc paysager **Landschaftspark Duisburg-Nord**, lieu de détente de proximité, avec des monuments industriels et des parcs, une station de plongée et d'escalade spectaculaire et bien d'autres activités de loisirs. L'illumination nocturne de l'ancien haut-fourneau est très attrayante.

Ruhrgebiet

Großer Hafen ohne Meer

Mitten in Europas größten industriellem Ballungsraum liegt der **Duisburger Hafen**. Wer ihn erkunden möchte, läuft am besten zwei Routen. Die eine führt über die schöne Promenade zwischen Schwanentorbrücke und Speicherzeile durch den Innenhafen, wo einstige Speichergebäude neben hochmodernen Baukomplexen eine imposante Kulisse bilden. Die andere Route liegt in Ruhrort – der Keimzelle des Hafens mit zahlreichen Hafenbecken und dem sehenswerten Museum der Deutschen Binnenschifffahrt.

Grand harbour but no ocean

In the midst of Europe's largest industrial urban area lies **Duisburg Harbour**. To discover the site, there are two recommendable routes. One leads along the beautiful promenade from Schwanentorbrücke to Speicherzeile, disclosing the inner harbour where former warehouses standing side by side with highly modern architectural structures build an impressive setting. The other route is in Ruhrort, the core of the harbour with numerous basins and the Museum der Deutschen Binnenschifffahrt, a renowned museum dedicated to inland navigation.

Grote haven, maar geen zee

Midden in het grootste industriegebied van Europa ligt de **haven van Duisburg**. Wie de haven uitgebreid wil bezichtigen, doet dit het beste te voet. Er zijn twee routes. De ene voert via de mooie promenade tussen de Schwanentorbrücke en de Speicherzeile dwars door de Innenhafen, waar voormalige pakhuizen en zeer moderne gebouwen een imposant en contrasterend geheel vormen. De andere loopt door Ruhrort, de kiemcel van de haven, met tal van dokken en het bezienswaardige Museum der Deutschen Binnenschifffahrt.

Grand port loin de la mer

Le **Port de Duisburg** est niché au creux de la plus grande conurbation industrielle d'Europe. Deux circuits sont proposés au visiteur : le premier offre une jolie promenade entre le pont Schwanentorbrücke et la Speicherzeile (entrepôts) à travers le port intérieur, où les anciens bâtiments d'entrepôt bordés de constructions ultra modernes forment un décor imposant. Pour l'autre circuit, tout se passe dans le port fluvial Ruhrort, l'« âme » du port de Duisburg, avec un grand nombre de bassins portuaires et le Museum der Deutschen Binnenschifffahrt (Musée de la navigation fluviale allemande).

RWSG

Deutsch-russische Türme

Benannt wurden die Malakoff-Türme nach der gleichnamigen russischen Festung in Sewastopol auf der Halbinsel Krim. Doch anders als letztere war ihr Charakter kein wehrhafter, die deutschen Malakoff-Türme wurden meist als Fördertürme im Bergbau benutzt. Der **Bottroper Malakoff-Turm** ist einer der letzten, der von den ehemals etwa 100 im neogotischen Stil erbauten Türmen erhalten ist. Mit seinen vier Zinnen zählt der 1873 errichtete Backsteinbau heute zu den wichtigsten Industriedenkmälern im Ruhrgebiet.

German-Russian towers

The Malakoff towers were named after the fortress of the same name in Sevastopol in the Crimea. But unlike the latter, the German Malakoff towers were not used for defence but rather as colliery hauling towers. The **Malakoff-Turm in Bottrop** is one of the few remaining towers of this kind – there used to be nearly 100, all kept in the Neo-Gothic style. With its four crenellations, this brick structure dating from 1873 today is one of the most important industrial monuments of the Ruhr district.

Duits-Russische torens

De Malakoff-torens zijn genoemd naar de gelijknamige Russische vesting in Sebastopol op de Krim. In Duitsland fungeerden de Malakoff-torens echter niet als verdedigingswerken, maar werden ze voornamelijk als schachttorens voor de mijnbouw gebruikt. De **Malakoff-toren in Bottrop** is een van de laatste bewaard gebleven neogotische torens, waarvan er in totaal circa 100 werden gebouwd. De met vier kantelen uitgeruste en in 1873 gebouwde bakstenen toren is een van de belangrijkste industriemonumenten van het Ruhrgebied.

Tours germano-russes

Contrairement à la tour Malakoff de la forteresse russe du même nom à Sébastopol, sur la presqu'île de Crimée, les tours Malakoff allemandes ne servaient pas de défense militaire. Sur les 100 chevalements bâtis dans le style néogothique, le chevalement **Bottroper Malakoff-Turm** datant de 1873, est un des derniers à avoir été conservé. Avec ses quatre créneaux, cette construction de briques compte parmi les plus importants monuments industriels du Bassin de la Ruhr.

Gasspeicher ohne Gas

Er hat einen Durchmesser von über 67 Metern und ist mit fast 118 Metern Höhe Europas größter Gasbehälter. Doch diese imposanten Zahlen konnten nicht verhindern, dass der **Gasometer** von Oberhausen 1988 stillgelegt wurde. Mehreren Initiativen ist es zu verdanken, dass dieser spektakuläre Koloss mit seiner einzigartigen Akustik nicht abgerissen wurde, sondern seit 1994 als Industriedenkmal, Ausstellungs- und Eventhalle genutzt wird, in der man in einem gläsernen Aufzug über 100 Meter hoch zu einer Aussichtsplattform fahren kann.

Gas tank but no gas

With a diameter of more than 67 metres and nearly 118 metres height, this is the largest gas tank in all of Europe. And yet, these impressive figures could not prevent the **Oberhausen Gasometer** from being shut down in 1988. Several initiatives co-operated to ensure that this spectacular colossus with its unique acoustics was not demolished but instead has been used since 1994 as an industrial monument, exhibition space and event venue. An elevator made of glass takes you to the panorama platform, more than 100 metres high.

Gasreservoir zonder gas

De **Gasometer van Oberhausen** heeft een diameter van ruim 67 meter en is bijna 118 meter hoog. Daarmee is hij het grootste gasreservoir van Europa. Deze imposante afmetingen konden echter niet voorkomen dat de Gasometer in 1988 werd stilgelegd. Dat de spectaculaire kolos met zijn unieke akoestiek niet werd gesloopt, is te danken aan tal van initiatieven. Sinds 1994 is de Gasometer een industriemonument en wordt hij gebruikt als expositie- en evenementenhal. Spectaculair detail: de glazen lift naar het uitzichtplatform op circa 100 meter hoogte.

Gazomètre sans gaz

Son diamètre de plus de 67 mètres et ses quelque 118 mètres de haut font de lui le plus grand récipient de gaz d'Europe. Mais ces chiffres imposants ne purent empêcher la désaffectation du **Gazomètre d'Oberhausen** en 1988. Grâce à une série d'initiatives, la destruction de ce colosse spectaculaire, doté d'une acoustique unique, a pu être évitée, permettant ainsi de classer cette construction au rang de monument industriel en 1994. Depuis, il sert de salle d'exposition et de manifestations. Un ascenceur tout en verre permet d'accéder à une plate-forme panoramique située à 100 mètres de haut.

Ruhrgebiet

Ins wahre Zentrum

Auch wenn sich durch das CentrO – ein Konglomerat aus Einkaufscenter und Freizeitpark – der Mittelpunkt der Stadt verlagert zu haben scheint: Das eigentliche Zentrum von Oberhausen liegt weiter südlich und heißt schlicht **„Alt-Oberhausen"**. Ein Ausflug dorthin lohnt allemal, befinden sich dort mit dem Theater Oberhausen und Ebertbad nicht nur zwei weithin bekannte Kulturstätten. Darüber hinaus bietet das Rheinische Industriemuseum einen faszinierenden Einblick in die lange Geschichte der Eisen- und Stahlindustrie.

In the true centre

Even though it might seem as if city life had shifted to the recently opened CentrO – a combination of shopping mall and amusement park – the true **centre of Oberhausen** is further south and simply called "Alt-Oberhausen". It is worth a trip, especially since Oberhausen Theatre and Ebertbad are two highly renowned cultural centres. What's more, the Rheinische Industriemuseum offers a fascinating overview of the long history of the steel and iron industry.

Het echte centrum

Sinds de opening van het CentrO – een mengeling van winkelcentrum en pretpark – lijkt het er sterk op dat het middelpunt van de stad is verschoven, maar dat is niet zo; het eigenlijke **centrum van Oberhausen** ligt zuidelijker en heet 'Alt-Oberhausen'. Een bezoek is het zeker waard, mede omdat zich hier het Theater Oberhausen en het Ebertbad bevinden, twee cultuurinstellingen die tot in de wijde omtrek bekend zijn. Verder biedt het Rheinisches Industriemuseum een fascinerende blik in de lange geschiedenis van de ijzer- en staalindustrie.

Visite du « vrai centre »

Même si le centre-ville d'Oberhausen semble « décalé » depuis l'inauguration du CentrO – conglomérat de centres commerciaux et parc de loisirs – le véritable **centre-ville d'Oberhausen**, « Alt-Oberhausen », est situé plus au Sud. La visite du lieu vaut le détour, on y trouve le Theater Oberhausen et Ebertbad, deux sites culturels renommés bien au-delà des frontières de la ville. En outre, le Rheinische Industriemuseum offre un aperçu fascinant de la longue histoire de l'industrie du fer et de l'acier.

Ein Haus der Kunst

Folkwang – dieser Name ist längst zu einem Synonym für Kultur und Kunst geworden. Zu verdanken ist dies dem außergewöhnlichen Hagener Kunstmäzen Karl Ernst Osthaus, dessen Kunstbegeisterung u.a. das heute in Essen ansässige Museum Folkwang hervorbrachte. Auch wenn das ursprüngliche Gebäude im Zweiten Weltkrieg zerstört wurde und einige der unschätzbaren Exponate als entartete Kunst unwiederbringlich verloren gingen: Die Sammlung ist einzigartig und verdient zu Recht europaweite Anerkennung.

A house for art

Folkwang – this name has long since become the synonym for art and culture, thanks to the extraordinary art patron from Hagen,

Karl Ernst Osthaus. Amongst other institutions, his passion for art led to the foundation of the **Museum Folkwang** which today is located in Essen. Even though the original building was destroyed during the Second World War and some of the immeasurable exhibits were damaged because they were classified as "degenerate art", the collection is unique and is with good reason well-known throughout Europe.

Huis van de kunst

Folkwang is een naam die allang een synoniem is voor kunst en cultuur. Dat is vooral te danken aan de buitengewone kunstmecenas Karl Ernst Osthaus uit Hagen. Aan zijn enorme enthousiasme voor de kunst ontsproot onder meer het **Museum Folkwang** in Essen. Ondanks dat het oorspronkelijke gebouw in de Tweede Wereldoorlog werd verwoest en enkele onschatbare, door de nazi's als 'ontaarde' kunst betitelde museumstukken voorgoed verloren gingen, is de verzameling nog steeds uniek en wordt zij in heel Europa gewaardeerd.

L'Art avec un grand A

Folkwang, synonyme d'art et de culture, doit sa réputation au prodigieux mécène Karl Ernst Osthaus de Hagen, fervent admirateur d'oeuvres artistiques. Le **Museum Folkwang**, fruit de cette admiration, fut érigé à Essen et, même si le bâtiment d'origine fut détruit pendant la Deuxième Guerre mondiale et que certaines oeuvres inestimables et des plus singulières se sont perdues à jamais, la collection est unique et appréciée à sa juste valeur sur tout le continent européen.

Ruhrgebiet

Siedlung nicht nur für Arbeiter

Von allen Werkswohnungen, die im Revier erbaut wurden, um Arbeiter besser an das Unternehmen binden zu können, ist die **Margarethenhöhe** im Südwesten von Essen die schönste. Gestiftet wurde sie von der Unternehmerfrau Margarethe Krupp. Knapp 3100 Wohneinheiten verteilen sich auf individuell gestaltete Häuser, die zum Teil mit Erkern, geschwungenen Giebeln und Laubengängen versehen sind.

A settlement not just for workers

Of all the social housing estates built in the coal district to improve the link between workers and factories, **Margarethenhöhe** to the south-west of Essen is the most beautiful one. It was donated by Margarethe Krupp, an entrepreneur's wife. The individually designed houses consist of approximately 3100 apartments, some of which are furnished with alcoves, curvated gables and pergolas.

Een wijk niet alleen voor arbeiders

Van de vele wijken met arbeiderswoningen die ooit in de mijnstreek om Essen werden gebouwd zodat de arbeiders zich meer met het bedrijf gingen identificeren, is de wijk **Margarethenhöhe** in het zuidwesten van de stad de mooiste. Het was een gift van Margarethe Krupp, de vrouw van de directeur. De uit 3100 eenheden bestaande gebouwen verschillen onderling en zijn deels voorzien van erkers, gebogen gevels en gaanderijen.

Plus que des logements ouvriers

De tous les logements ouvriers construits dans le « Revier » (district) en vue de resserrer les liens entre les ouvriers et la société, la Cité **Margarethenhöhe** au sud-ouest d'Essen est la plus belle. Elle doit son nom à sa fondatrice, Margarethe Krupp. Près de 3 100 unités d'habitations se répartissent sur des maisons de conception individuelle ornées, en partie, de pièces en saillie, de pignons arqués et d'arcades.

Im Herzen des Ruhrgebiets

Gelsenkirchen – das heißt Schalke und Kohle, Nordsternpark und Trabrennbahn. Kaum eine andere Stadt des Ruhrgebiets hat die Folgen der Bergbaukrise härter zu spüren bekommen als die „Stadt der tausend Feuer", deren letzte Zeche 2000 geschlossen wurde. Doch mit kulturellem Engagement tritt man der Krise entgegen. Davon zeugen u.a. der Skulpturenpark Rheinelbe oder der Wissenschaftspark. Und wer sich in den Nordwesten der Stadt begibt, kann mit der Zechensiedlung Schüngelberg eine vorbildlich sanierte Arbeitersiedlung besichtigen.

In the heart of the Ruhr district

Gelsenkirchen – a name that evokes Schalke football club and coal mining, Nordsternpark and harness racing. There is hardly another

town in the Ruhr area that has had to suffer more from the coal mining crisis than this, the "city of a thousand furnaces", whose last colliery was closed down in the year 2000. But people are facing the crisis with cultural commitment, as can be seen with the sculpture park Rheinelbe and the scientific Wissenschaftspark. To the north-west lies Schüngelberg, initially built for coal miners, a beautifully restored working-class housing estate.

In hartje Ruhrgebied

De naam **Gelsenkirchen** staat voor FC Schalke en kolen, het Nordsternpark en de drafbaan. Vrijwel geen andere stad in het Ruhrgebied heeft de gevolgen van de kolencrisis zo sterk gevoeld als de 'stad van de duizend vuren'. De laatste kolenmijn werd gesloten in 2000. De daaropvolgende crisis werd te lijf gegaan met allerlei culturele initiatieven, waarvan onder andere het beeldenpark Rheinelbe en het Wissenschaftspark getuigen. Wie naar het noordwesten van de stad gaat, kan met eigen ogen zien hoe van de mijnwerkersbuurt Schüngelberg een voorbeeldig gesaneerde arbeiderswijk gemaakt werd.

Au coeur du Bassin de la Ruhr

Gelsenkirchen – c'est le club de foot « FC Schalke 04 », le charbon, le parc Nordstern (étoile polaire) et l'hippodrome. La « ville des mille feux » compte parmi les plus touchées par la crise minière. La dernière houillère a fermé ses portes en 2000. Pour surmonter la crise, la ville a beaucoup investi dans la culture. Le parc de sculptures Rheinelbe ou encore le parc scientifique (Wissenschaftspark) en témoignent entre autres. Au nord-ouest de la ville, on découvre une cité ouvrière réhabilitée de façon exemplaire, la cité minière Schüngelberg.

Ruhrgebiet

Deutschlandreise

Ganz Deutschland auf 700 Quadratmetern?! So etwas gibt es nur auf der **„Deutschland-Express"-Ausstellung** in Gelsenkirchen zu sehen – einer der größten Märklin-Modellbahnanlagen der Welt. 250 Züge und 4000 Waggons, über 1000 Gebäude und 12000 Figuren wurden arrangiert, bis das ehrgeizige Ziel erreicht war: In einer Halle der ehemaligen Zeche Nordstern kann der Besucher eine visuelle Reise vom hohen Norden Deutschlands bis zum Bodensee antreten – in einer perfekt kopierten Miniaturwelt.

A journey through Germany

All Germany squeezed into 700 square metres? Only possible in the **"Deutschland-Express" Exhibition** in Gelsenkirchen, which is one of the world's largest Märklin model railway installations. 250 trains and 4000 carriages were arranged here with more than 1000 buildings and 12,000 figurines. The ambitious goal was achieved: to make a perfect miniature copy of Germany, reaching from up north down to Lake Constance. This visual journey can be made in a hall of the former colliery Nordstern.

Reis door Duitsland

Heel Duitsland op slechts 700 vierkante meter? Zoiets kan alleen op de '**Deutschland-Express**'-tentoonstelling in Gelsenkirchen, een van de grootste Märklin-modelspoorbanen ter wereld. Voor dit ambitieuze project worden 250 treinen en 4000 wagons, ruim 1000 gebouwen en 12.000 poppetjes gebruikt. In deze perfect nagebootste miniatuurwereld in een hal van de voormalige mijn Nordstern kunnen de bezoekers een visuele reis door Duitsland maken, van het hoge noorden tot aan de Bodensee.

Voyage express

Voir toute l'Allemagne sur seulement 700 m² ? C'est possible en visitant l'**exposition « Deutschland-Express »** au sein de la salle de l'ancienne houillère Nordstern à Gelsenkirchen. L'un des plus grands circuits de trains miniature Märklin du monde regroupe 250 trains et 4 000 wagons, plus de 1 000 bâtiments et 12 000 figurines et propose un voyage visuel qui charmera petits et grands.

Erkundungstour zu Wasser

Was kann es Schöneres geben, als sich an einem sonnigen Tag an Bord eines kleinen Schiffs zu begeben und bei Kaffee und Kuchen die Landschaft an sich vorbeiziehen zu lassen? Dies lässt sich von Mai bis Oktober mit der **„Weißen Flotte"** aufs Wunderbarste umsetzen. Los geht es im idyllischen Wasserbahnhof in Mülheim an der Ruhr, und schon bald ziehen Bismarckturm, Kloster Saarn, Ruhrtalbrücke oder Schloss Landsberg an einem vorbei, ehe man – viel zu früh – Essen-Kettwig als Zielort ansteuert.

A tour of discovery on the water

Can there be anything better than climbing onto a boat on a fine day and watching the landscape pass by while someone is serving you tea or coffee and cakes? Exactly this can be done from May to October with the fleet of the "**Weiße Flotte**". Starting point is the idyllic water station in **Mülheim an der Ruhr**, and shortly afterwards you will see Bismarckturm, Saarn monastery, Ruhrtal bridge and Landsberg castle float by until you finally – much too early – arrive at your destination, Essen-Kettwig.

Verkenningstocht op het water

Wat is er mooier dan op een zonnige dag aan boord van een klein schip en onder het genot van koffie en gebak het landschap aan je voorbij te laten trekken? Deze wens kan van mei tot oktober in vervulling gaan met de '**Weiße Flotte**'. De afvaart is bij het idyllische 'waterstation' in **Mülheim an der Ruhr**. Al snel komt u langs de Bismarckturm, het klooster Saars, de Ruhrtalbrücke en Schloss Landsberg eer – al veel te vroeg – wordt aangelegd in Essen-Kettwig, het eindpunt van de tocht.

Découvertes sur l'eau

Est-il chose plus agréable que de regarder passer le paysage à bord d'un bateau et devant un bon café ? De mai à octobre, les amateurs des voyages sereins ne regretteront pas de s'être embarqués sur la « **Weiße Flotte** » (flotte blanche) en partance de la pittoresque gare fluviale de **Mülheim an der Ruhr**, où ils auront tout le temps de contempler la Tour Bismarck, le couvent de Saarn, le pont Ruhrtalbrücke ou encore le château Landsberg avant d'arriver à la dernière station, Essen-Kettwig.

Ruhrgebiet

Die Stadt am Fluss

Die Ruhr fließt mitten durch die Stadt. Und nicht zuletzt dies macht das Flair von **Mülheim an der Ruhr** aus. Idyllische Flussauen laden zum Spaziergang ein, der bis in die Altstadt fortgesetzt werden kann, wo schöne Gründerzeit- und Jugendstilanwesen die Bombardements des Zweiten Weltkriegs unbeschadet überstanden haben. Städtebauliches Wahrzeichen ist der 50 Meter hohe Aquarius-Turm: In dem spektakulären Bau ist ein Wassermuseum untergebracht, das sich ganz dem Thema Wasser widmet.

The town on the river

The Ruhr river flows right through this town and thus has an impact on the flair of **Mülheim an der Ruhr**. Idyllic meadows to promenade along until you end up in the old town, where beautiful 19th-century and turn-of-the-century villas have survived the air raids of the Second World War. Architectural landmark is the Aquarius tower, which is 50 metres high. Inside the spectacular building is a water museum focussing on every aspect connected with the fluid.

De stad aan de rivier

Dat de Ruhr midden door **Mülheim an der Ruhr** stroomt is een van de aspecten die het stadje zijn bijzondere flair verlenen. De idyllische uiterwaarden nodigen uit om een wandeling te maken die tot in het oude centrum kan worden voortgezet. Hier hebben bouwwerken uit de tijd van de grote economische opbloei (1871-1900) en jugendstilhuizen de bombardementen in de Tweede Wereldoorlog onbeschadigd doorstaan. Hét symbool van de stad is de 50 meter hoge Aquarius-Turm. In het spectaculaire gebouw is een museum gehuisvest dat helemaal aan het thema water gewijd is.

Une ville et sa rivière

La Ruhr traverse **Mülheim an der Ruhr**, et, c'est, entre autres, ce qui fait le charme de cette ville. Les plaines alluviales pittoresques invitent à la promenade jusqu'à la vieille-ville, où de somptueux bâtiments datant de l'époque du « Gründerzeit » et de l'Art Nouveau ont survécu aux bombardements de la Deuxième Guerre mondiale. L'emblème de la ville est le château d'eau Aquarius-Turm. Cette construction spectaculaire héberge un musée aquatique où tout tourne autour de l'eau.

Klang- und Bauharmonie

Fast dreißig Jahre liegen zwischen dem Plan, ein Konzerthaus in Essen zu errichten, und der endgültigen Eröffnung. Nicht lange

Bauzeiten waren dafür der Grund: Erst Jahre nach dem Tod des berühmten finnischen Architekten Alvar Aalto wurden dessen Baupläne umgesetzt. Mit dem **Aalto-Theater** ist ein einzigartiges Bauwerk aus hellem Granit entstanden, dessen harmonische, linienförmige Gestaltung ein wunderschönes ästhetisches Konzept zur Schau stellt.

Harmony of sound and structure

A good thirty years lay between the idea of building a concert house in Essen and its completion. But this was not due to tedious construction; the plans made by famous Finnish architect and

designer Alvar Aalto were only realised years after his death. The **Aalto Theatre** is a unique structure of light granite whose harmonious linear design gives form to a beautiful aesthetic concept.

Harmonie van klank en bouwstijl

Bijna dertig jaar lagen tussen het plan een nieuw concertgebouw in Essen te bouwen en de dag waarop het uiteindelijk werd geopend. Dit had niets met een lange bouwtijd te maken, maar met het feit dat de bouwplannen van Alvar Aalto, de beroemde Finse architect en ontwerper, pas jaren na diens dood werden gerealiseerd. Het **Aalto-Theater** is een buitengewoon bouwwerk van licht graniet, waarvan de harmonische, lijnvormige buitenkant een prachtig, esthetisch beeld tentoonspreidt.

Harmonie du son et de la construction

Près de trois décennies séparent le projet d'édifier une salle de concert à Essen et son inauguration définitive, ce qui est dû au fait que les plans de construction de ce bâtiment ne furent mis en oeuvre que bien des années après le décès du célèbre architecte et créateur finlandais, Avar Aalto. Avec l'**Aalto-Theater**, constitué de granite clair, la ville d'Essen se pare d'un bâtiment unique, qui par sa conception harmonieuse et linéaire, est d'une rare beauté.

Ruhrgebiet

Zwischen Rathaus, Synagoge und dem Münster

Architektonische Gegensätzen prägen das Bild der **Essener Innenstadt**. 106 Meter ragt das nüchterne Rathausgebäude mit seinen unzähligen Fenstern und einer Panoramaetage auf dem 22. Stockwerk in die Höhe. Nur unweit davon befindet sich die während des Novemberpogroms 1938 in Teilen zerstörte Synagoge, in der sich heute eine Gedenkstätte und Ausstellungsräume befinden. Und direkt an der Fußgängerzone liegt das Essener Münster, das mit der Goldenen Madonna aus dem 10. Jahrhundert ein unschätzbares Kulturgut besitzt.

Between town hall, synagogue and minster

Essen city centre is characterised by architectural contrasts. The austere town hall with its innumerable windows reaches 106 metres high; on the 22nd floor there is a beautiful panorama. Close by lies the synagogue, partly destroyed during Pogrom Night in November 1938, which today houses a memorial site and an exhibition space. Bordering on the pedestrian area is Essen Cathedral, whose Golden Madonna, a sculpture from the 10th century, is a highly prized artefact.

Tussen stadhuis, synagoge en dom

Architectonische tegenstellingen bepalen het beeld van het **centrum van de stad Essen**. Het nuchter ogende, 106 meter hoge stadhuis telt talloze ramen en heeft een panoramaplatform op de 22e verdieping. Op een steenworp afstand bevindt zich de tijdens de pogroms van november 1938 deels verwoeste synagoge, die tegenwoordig een gedenkplaats en expositieruimtes herbergt. Direct aan het voetgangersgebied ligt de dom, die in de gedaante van een Madonna uit de tiende eeuw een religieus kleinood van onschatbare waarde bezit.

Vue panoramique sur Essen

Le **centre-ville d'Essen** est marqué par les contradictions architecturales. L'hôtel de ville de 106 m de haut, avec ses innombrables fenêtres, est un bâtiment plutôt sobre et fonctionnel. Au 22e étage, on profite d'une vue panoramique sur la ville. À quelque pas de ce bâtiment, la synagogue partiellement détruite pendant la « Nuit de Cristal » en novembre 1938 est aujourd'hui un lieu commémoratif avec des salles d'exposition. Et, à proximité de la zone piétone, la cathédrale d'Essen renferme la plus ancienne reproduction de la vierge connue au monde, datant du Xe siècle, un joyaux religieux d'une valeur inestimable.

Deutschlands berühmteste Unternehmervilla

Als Alfred Krupp in den 1860er Jahren den Bau der **Villa Hügel** in Auftrag gab, stand ihm weit mehr im Sinn als nur ein Wohnhaus für die Unternehmerfamilie errichten zu lassen. Ein Pracht- und Repräsentationsbau sollte es werden – und ist es geworden, wovon sich seit 1953 auch die „gemeine" Öffentlichkeit überzeugen kann: Über 250 Räume, die einst von mehreren Hundert Bediensteten bewirtschaftet wurden, verteilen sich auf die fantastisch ausgestattete und inmitten einer riesigen Parkanlage angesiedelten Villa Hügel.

Germany's most famous entrepreneur's villa

When in the 1860s magnate Alfred Krupp commissioned **Villa Hügel**, he had more in mind than just living quarters for his family. It was to be a magnificent and representative building, and that is what it is. Since 1953, the villa with more than 250 rooms, where once a staff of several hundred servants was employed, has been open to the public. The amazingly furnished Villa Hügel estate is set in a beautiful, extensive park.

Duitslands beroemdste directeursvilla

Toen de Duitse ondernemer Alfred Krupp in de jaren 1860 de **Villa Hügel** liet bouwen, had hij meer voor ogen dan louter een huis voor hem en zijn gezin. Het moest een pronkvol en representatief bouwwerk worden – en dat werd het ook. Daarvan kan het publiek zich sinds 1953 zelf overtuigen. De uit meer dan 250 vertrekken bestaande, schitterend ingerichte directeursvilla, waar ooit enkele honderden dienstbodes werkten, ligt in een zeer uitgestrekt park.

Villa d'industriel

Lorsqu'Alfred Krupp ordonna la construction de la **Villa Hügel** dans les années 1860, son intérêt n'était pas seulement d'héberger de manière adéquate la famille d'entrepreneurs la plus renommee d'Allemagne. Il ciblait un bâtiment de prestige et de représentation. Son objectif est largement atteint, car depuis 1953, le public peut se convaincre du caractère majestueux du bâtiment. La villa, merveilleusement aménagée et composée de plus de 250 pièces, où jadis, des centaines de domestiques effectuaient leur service, se trouve au coeur d'un grand parc.

Ruhrgebiet

Industriedenkmal mit Symbolwert

Das berühmte **Fördergerüst von Schacht XII.** ist weit mehr als nur das Wahrzeichen des Essener Zollvereins. Es ist das Symbol für die große Kreativität, die aus der Strukturkrise des gesamten Reviers erwachsen ist und die sich in dem erfolgreichen Konzept, Altes zu erhalten und dennoch einer neuen Nutzung zuzuführen, ausdrückt. In dem Weltkulturerbe **Zeche Zollverein** sind heute u. a. ein renommiertes Designmuseum, Künstlerateliers, Kulturwerkstätten und ein Tanzzentrum untergebracht.

Industrial memorial with symbolic value

The famous hauling structure of Shaft XII is more than the landmark of Essen Zollverein. It symbolises the great creativity which developed out of the structural crisis of the entire coal district and which finds its expression in the successful concept of preserving the old and bringing it to new usage. The world heritage **Zeche Zollverein** today houses a renowned design museum, artists' studios, cultural workshops and a dance centre.

Industriemonument met symbolische kracht

De beroemde hijsbak van Schacht XII is meer dan alleen het baken van de mijn 'Zollverein' in Essen. Hij is tevens het symbool van de grote creativiteit die ontsprong aan de structurele crisis van deze mijnbouwstreek, die uitmondde in een succesvolle aanpak onder het motto 'het oude behouden en opnieuw gebruiken'. De mijn **Zollverein** is tegenwoordig werelderfgoed en herbergt onder meer een gerenommeerd designmuseum, ateliers van kunstenaars, culturele instellingen en een dansschool.

Monument-symbole

Le célèbre chevalement du puits XII représente bien plus que l'emblème de la houillère Zollverein à Essen. C'est le symbole d'une grande créativité qui a su conserver l'ancien tout en lui donnant une structure nouvelle. Ainsi, la **Zeche Zollverein** fait partie du patrimoine mondial de l'UNESCO, et abrite, entre autres, un musée de design renommé, des ateliers d'artistes, des centres culturels ainsi que de danse.

Erholung im Essener Süden

„Zornige Ameise" oder „Fleißiges Lieschen" – so heißen zwei der Bahnen, die in gemächlichem Stil Besucher durch den **Grugapark** in Essen transportieren. Der 700.000 Quadratkilometer große Park verdankt seine Existenz der Großen Ruhrländischen Gartenbauausstellung, die hier 1929 stattfand. Heute beherbergt das riesige Areal neben einem Botanischen Garten, Tiergehege und zahlreichen Spiel- und Sportplätzen auch umfassende gastronomische Angebote und eine Konzertarena.

Recreation in the south of Essen

'Zornige Ameise' (angry ant) and 'Fleißiges Lieschen' (busy Lizzie) are the names of the two trains that gently transport visitors through the **Grugapark in Essen**. The park, extending over 700,000 square kilometres, was established when the horticultural show Große Ruhrländische Gartenbauausstellung was held here in 1929. Today, it houses the botanical gardens, a vivarium, numerous playgrounds and sports facilities as well as a choice of restaurants and a concert arena.

Recreatie in Essen-Zuid

'Zornige Ameise' en 'Fleißiges Lieschen' – zo heten twee van de treinen die de passagiers gemoedereerd door het **Grugapark in Essen** vervoeren. Het 700.000 vierkante meter grote park dankt zijn bestaan aan de grote regionale tuinbouwtentoonstelling die hier in 1929 plaatsvond. Tegenwoordig herbergt het uitgestrekte areaal naast een botanische tuin, enkele dierenkampen en tal van speel- en sportterreinen ook velerlei eet- en drinkgelegenheden en een concertarena.

Détente à Essen

« Zornige Ameise » (fourmi furieuse) ou « Fleißiges Lieschen » (Lisette assidue), ainsi se prénomment deux des trams qui transportent les visiteurs dans l'enceinte du **Grugapark à Essen**. Ce parc, issu de la grande exposition horticole de la région de la Ruhr, inaugurée en 1929, abrite aujourd'hui, sur 700 000 km², un jardin botanique, une réserve d'animaux et un grand nombre de terrains de jeu et de sport, sans oublier une gastronomie variée et une salle de concert.

Sturmerprobtes Schloss

Wehrhafter Turm mit barocken Ost- und Westflügel, Schlossteich, Parkanlage und Kapelle – das **Schloss Strünkede** in Herne hat alles, was man von einem Wasserschloss erwartet, das in seiner Geschichte vielen Angriffen und Belagerungen standhalten musste. Der einstige Sitz der Freiherren von Strünkede wurde 1948 von der Stadt Herne übernommen, die es zu einer der drei Stationen des Emschertal-Museums umfunktionierte. Glas und Keramiken, Waffen und Sonnenuhren sind nur ein Teil der zahlreichen Museumsexponate, die hier zu besichtigen sind.

Battle-tried castle

attlements and Baroque east and west wings, castle pond, sprawling park and a chapel: **Strünkede Castle in Herne** has everything you could wish for in a moated castle, even though it had to weather many battles and sieges. The former residence of the barons of Strünkede was taken over in 1948 by the city of Herne, which turned it into one of three buildings constituting the Emschertal-Museum. Now there are numerous exhibits on display, amongst others glassware and ceramics, weaponry and sun dials.

Bewezen weerbaarheid

Een versterkte toren met een barokke oost- en westvleugel, een slotgracht en een park met een kapel – **Schloss Strünkede** in Herne heeft alles wat je je bij een waterkasteel voorstelt. Het kasteel, dat door de eeuwen heen bescherming bood tegen talrijke aanvallen en belegeringen, was lange tijd de zetel van de baron Von Strünkede. In 1948 werd het kasteel overgenomen door de stad Herne, die er een van in totaal drie afdelingen van het Emschertal-Museum in onderbracht. Glas en keramiek, wapens en zonnewijzers vormen slecht een klein deel van de vele voorwerpen die hier bezichtigd kunnen worden.

Château bâtu par les vents

Tour de défense avec ailes baroques, bassin d'eau, parc et chapelle : le **Château Strünkede à Herne** ne laisse pas à désirer. L'ancien siège du baron de Strünkede qui a dû faire face à nombre d'attaques et d'assiègements, a été repris par la ville d'Herne en 1948. Le château, après sa transformation, est l'une des trois stations de l'Emschertal-Museum. Le verre et les céramiques, les armes et les cadrans solaires ne constituent qu'une partie des pièces exposées.

Neues auf alten Trassen

Einst versorgte die **Erzbahn in Bochum** die umliegenden Hochöfen mit Eisenerz. Mit der Schließung der Zeche Mitte der 1960er Jahre kam auch die Stilllegung der Erzbahntrasse. Doch seit 2002 wird sie einer neuen Nutzung zugeführt: Per Fahrrad kann man die neun Kilometer lange Strecke abfahren und dabei ganz gemütlich die Bochumer Industrielandschaft für sich entdecken. Schwindelfrei sollte man allerdings sein, gilt es doch über die „Erzbahnschwinge" – eine kühne Hängebrückenkonstruktion – zu fahren.

New use for old tracks

Once, the ore railway in Bochum supplied the surrounding furnaces with iron ore. But when the colliery was closed in the mid-1960s, the **Ore Railway Line** was also discontinued. In 2002, however, the old line was given new usage: the nine-kilometre long route is now accessible for bicycles – a comfortable way of exploring Bochum's industrial landscape. However, this trip is not recommended for people who suffer from vertigo, as it leads across the "Erzbahnschwinge", a risky-looking suspension bridge.

Fietsen op het spoortracé

Ooit voorzag de zogeheten **Erzbahn** in Bochum de hoogovens in de omgeving van ijzererts. Na de sluiting van de mijn halverwege de jaren zestig werd ook deze spoorwegverbinding stilgelegd en ontmanteld. Sinds 2002 wordt het negen kilometer lange tracé echter weer gebruikt, nu als fietspad. Nu kan het vroegere industriegebied rond Bochum dus heel comfortabel met de fiets worden verkend. Last van hoogtevrees mag je niet hebben, want er zitten 15 hoge bruggen in het traject, waarvan één een hangbrug is.

Du nouveau sur une voie ancienne

Dans le passé, le train « Erzbahn » de Bochum transportait des minerais de fer vers les hauts-fourneaux. La fermeture de la mine, au milieu des années 1960, entraîna également la désaffectation de la voie ferrée dite « **Erzbahnstrasse** ». Depuis 2002, la piste, située au beau milieu du paysage industriel de Bochum et qui s'étend sur neuf kilomètres, est praticable à vélo. Le passage du pont suspendu « Erzbahnschwinge » est toutefois déconseillé aux personnes sujettes au vertige.

Ruhrgebiet

Abstieg in die Tiefen

Mit dem **Deutschen Bergbau-Museum** hat Bochum dem Bergbau ein Denkmal gesetzt. Ganz bewusst hat man sich für ein Konzept entschieden, das auf Anschaulichkeit und Praxisnähe setzt – und Besucher zum Mitmachen anregt. Diese können zum Beispiel Originalmaschinen des Bergbaus in Gang setzen oder sich unter Tage begeben, wo ein höchst aufwändig gestaltetes, 2,5 Kilometer langes Anschauungsbergwerk einen faszinierenden Einblick in die Arbeit der Kumpel gibt.

Going underground

Bochum set a memorial for Germany's mining culture with the **Deutsche Bergbau-Museum**. It was deliberately decided to realise a concept that was vivid and close to practical everyday life, animating visitors to participate. This is why you can now set original mining machines to work or go underground to the elaborately designed 2.5-kilometres long exemplary pit that offers a fascinating insight into the life of the coal miners.

Afdaling in de diepte

Het **Deutsches Bergbau-Museum** is een monumentaal eerbetoon van de stad Bochum aan de mijnbouw. Heel bewust heeft men voor een concept gekozen dat mikt op aanschouwelijkheid en praktijkgerichtheid en dat de bezoekers uitnodigt actief mee te doen. Zo kunnen ze originele mijnbouwmachines in gang zetten en afdalen in de diepte, alwaar een uitgebreide demonstratiemijn van 2,5 km lengte een fascinerende indruk biedt van het werk van de mijnwerkers.

À quelques lieues sous la terre

Le **Deutsches Bergbau-Museum** à Bochum est en même temps un monument commémoratif de l'industrie minière. Le musée propose un concept spécifique, c'est-à-dire, une combinaison de la matérialisation visuelle instantanée avec l'adaptation pratique, incitant le visiteur à participer activement. Il pourra y opérer des machines de l'époque ou encore, descendre à quelques lieues sous la terre où il trouvera une mine restaurée de manière exemplaire, de 2,5 kilomètres de long, et qui en dit encore beaucoup plus long sur la tâche fascinante des mineurs, appelés « Kumpel » (camarades).

Lohn für viel Initiative

Der **Förderturm der Zeche Erin** ist nicht nur ein Wahrzeichen von Castrop-Rauxel. Er ist Sinnbild für den Niedergang der Montanindustrie, aber auch ein Mut machendes Beispiel dafür, dass sich persönliches Engagement für den Erhalt alter Baudenkmäler auszahlt. Statt einer Verschrottung erfolgte die Restaurierung: Und so hält heute das 68 Meter hohe Fördergerüst über dem einstigen Schacht 7 des Kohlbergwerks Erin die Erinnerung an die Bergbauvergangenheit aufrecht.

An initiative that paid

The shaft tower of **Zeche Erin** is not only the landmark of Castrop-Rauxel, it is also a symbol of the decline of coal mining and an encouraging example of how individual commitment for the preservation of architectural monuments can pay off. Instead of scrapping, restoration works ensued. Thus, today the 68-metres high hauling structure above the former shaft 7 of the coal mining works Erin functions as a keepsake to our mining past.

Loon voor de moeite

De **schachttoren van de mijn Erin** is meer dan alleen het symbool van Castrop-Rauxel. Behalve als zinnebeeld van de teloorgang van de mijnindustrie is de toren ook een hoopgevend en lonend voorbeeld van de persoonlijke inzet voor het behoud van oude industriemonumenten. Zo werd de toren niet gesloopt maar gerestaureerd; het 68 meter hoge gevaarte dat ooit schacht 7 van de kolenmijn Erin was, houdt de herinnering aan de mijnbouw in stand.

Efforts récompensés

Le chevalement de la mine **Zeche Erin** n'est pas seulement un emblème de la ville de Castrop-Rauxel. Il symbolise le déclin de l'industrie minière et métallurgique. Sa conservation est le fruit des engagements entrepris par les habitants de Castrop-Rauxel, désireux de conserver les bâtiments industriels. Au lieu de le détruire, on procéda donc à sa restauration et, aujourd'hui, ce chevalement de 68 mètres de haut sur l'ancien puits 7 de la houillère Erin, ne symbolise plus seulement le déclin, mais aussi la gloire de l'histoire minière.

Wiege des Ruhrbergbaus

Bereits in der ersten Hälfte des 16. Jahrhunderts beginnt die Geschichte des **Tagebergbaus im Muttental**. Wer eintauchen möchte in dieses spannende Stück Industriegeschichte, kann dies zum Beispiel auf dem neun Kilometer langen Bergbaurundweg tun: Er führt vorbei an alten Stollen und Zechengebäuden – und alles inmitten der schönen Naturkulisse des Ruhrtals. Eine besonders nostalgische Form der Anreise verspricht dabei die Ruhrtalbahn, die vom Eisenbahnmuseum Bochum-Dahlhausen aus startet und entlang der Ruhr bis zum Hagener Hauptbahnhof fährt.

The cradle of Ruhr coal mining

The history of open-cast mining in **Muttental** already began in the first half of the 16th century. Anyone interested in this thrilling part of early industrial development will enjoy treading the nine-kilometre long Bergbaurundweg, the mining trail. It leads past old pits and shaft buildings while the surrounding landscape displays the Ruhr valley in all its beauty. If you prefer an especially nostalgic form of entering the area, use the Ruhrtalbahn, a railway that sets out in Railway Museum Bochum-Dahlhausen and leads along the Ruhr to its destination, Hagen central station.

De wieg van het Ruhrberghaus

De geschiedenis van de **dagbouw in het Muttental** gaat terug tot de eerste helft van de zestiende eeuw. Voor wie over dit boeiend industrieverleden iets meer wil weten, is er onder andere het negen kilometer lange mijnbouwpad. Het voert langs oude mijnen en mijnbouwgebouwen en dat alles midden in de fraaie natuur langs de Ruhr. Het museum is ook op een nostalgische manier bereikbaar, namelijk met de zogeheten Ruhrtalbahn. Het tracé loopt vanaf het spoorwegmuseum in Bochum-Dahlhausen direct langs de Ruhr en eindigt in het centraal station van Hagen.

Berceau minier

Dans la vallée **Muttental**, le chapitre de la mine à ciel ouvert débute déjà dans la première moitié du XVIe siècle. Le visiteur pourra plonger dans cette passionnante histoire industrielle en empruntant, par exemple, le circuit minier de neuf kilomètres, où dans un décor naturel pittoresque, il découvrira d'anciens bâtiments miniers, ainsi que les galeries. Il y a plusieurs façons d'accéder au site. La plus nostalgique, c'est de prendre le Ruhrtalbahn (train de la vallée de la Ruhr) au départ du musée du chemin de fer de Bochum-Dahlhausen, pour longer la Ruhr avant de descendre à la gare centrale de Hagen.

Wo einst Wolken produziert wurden

Als die Montanindustrie im Ruhrgebiet noch blühte, gab es etliche Kokereien, in denen Steinkohle zu Koks verarbeitet wurde. Die **Kokerei Hansa** war eine davon. Doch die Zeiten, in denen dichte Rauchwolken aus den Schornsteinen dringen, sind vorbei. Langsam gewinnt die Natur auf dem 30 Hektar großen Areal wieder an Boden. Und die stillgelegten Anlagen dienen als begehbares Industriedenkmal, das dank etlicher Führungen – zumindest im Bewusstsein Tausender Besucher – wieder zum Leben erweckt wird.

Where clouds were once produced

In the days when the mining industry in the Ruhr area was blooming, there were numerous coking plants producing coke from bituminous coals. **Kokerei Hansa** was one of them. But the times when thick smoky clouds emerged from the chimneys have long passed. Step by step, nature is taking over again on the 30-hectares area. The closed-down structures now serve as a walk-in industrial monument, brought back to life by dint of guided tours leading the thousand of visitors through the grounds.

Waar ooit wolken ontstonden

Toen de mijnbouw in het Ruhrgebied nog bloeide, waren hier een groot aantal cokesfabrieken, waar steenkool tot cokes werd verwerkt. De **Kokerei Hansa** was er een van. Maar de tijden dat dikke rookwolken uit de schoorstenen kwamen zijn voorbij. Langzaam herovert de natuur het 30 hectare grote terrein. De stilgelegde installaties zijn nu openbare industriële monumenten die dankzij de regelmatige rondleidingen weer tot leven zijn gewekt, althans in het bewustzijn van de duizenden bezoekers.

Des nuages par milliers

À l'apogée de l'industrie minière et métallurgique, on comptait encore un bon nombre de cockeries de transformation de houille en coke, dans le Bassin de de la Ruhr dont la **cockerie Hansa**. Mais les temps sont révolus où des nuages de fumée s'échappaient par milliers des cheminées. Petit à petit, la nature regagne du terrain sur cette surface de 30 hectares. Et, les installations désaffectées, classées monuments industriels, sont aujourd'hui accessibles au public et renaissent, du moins dans le coeur de milliers de touristes qui affluent chaque année.

Ruhrgebiet

Wo der Fußball zu Hause ist

Gelsenkirchen hat Schalke und Dortmund seinen **BVB**. Fußball und Ruhrgebiet gehören untrennbar zusammen, und das ist nicht nur an der Fankultur, sondern auch an den Stadien auszumachen. Die Fans der Borussia können ihren Traditionsverein im größten Stadion des Landes feiern: 83000 Personen finden auf den Tribünen des imposanten Stadions Platz, für das 60000 Kubikmeter Beton und 20000 Tonnen Stahl verarbeitet wurden.

The home of football

Gelsenkirchen has Schalke football club and **Dortmund** has its BVB. Football and Ruhr district are inseparable, a fact which not only shows in the flocks of loyal fans, but in the arenas themselves. The fans of Dortmund's traditional Borussia club can celebrate in the nation's largest **arena**, which holds 83,000 persons on the stands and was constructed from 60,000 square metres of concrete and 20,000 tons of steel.

Het grootste voetbalstadion van Duitsland

Gelsenkirchen heeft FC Schalke, **Dortmund** zijn Borussia. Voetbal en het Ruhrgebied zijn onlosmakelijk met elkaar verbonden. Dat is niet alleen te zien aan de supporterscultuur maar ook aan de stadions. De fans van Borussia juichen hun club toe in het grootste stadion van Duitsland: de tribunes van deze imposante arena, waarin 60.000 kubieke meter beton en 20.000 ton staal zijn verwerkt, bieden plaats aan maar liefst 83.000 toeschouwers.

La « maison du ballon »

Si Gelsenkirchen a son « Schalke », **Dortmund** chérit son club de foot, le « BVB ». Le Bassin de la Ruhr ne serait pas ce qu'il est sans le football, ses amateurs et ses stades. Les fans du Borussia Dortmund peuvent fêter leur club de tradition dans le plus grand **stade** d'Allemagne. Dans les tribunes de ce stade imposant, dont la réalisation a nécessité près de 60 000 m³ de béton et 20 000 tonnes d'acier, quelque 83 000 supporters peuvent prendre place.

Immer an der Spitze

Dem grandiosen geschwungenen Jugendstilportal der Maschinenhalle haben wir es zu verdanken, dass die **Zeche Zollern II/IV** in Dortmund heute noch steht und sie 1969 zum ersten deutschen Industriedenkmal ernannt wurde. Dabei konnte sie auch in ihrer aktiven Zeit mit Spitzenleistungen aufwarten: Der prächtige im Übergang von Historismus und Jugendstil erbaute Gebäudekomplex war bei seiner Eröffnung 1898 die Vorzeigezeche des deutschen Kaiserreichs. Wenige Jahre später wurde sie als erste deutsche Zeche elektrifiziert.

Always on top

It is due to the imposing Art Noveau portal of the plant that the shaft **Zeche Zollern II/IV in Dortmund** still stands today. In 1969, it was nominated Germany's first industrial monument. During its

active days, it already impressed with top quality: when it was founded in 1898, the magnificent building complex dating to the transition phase between Historicism and Art Noveau was the showpiece of all the shafts in the German Empire. Only a few years later it was the first German shaft to work with electricity.

Altijd top

Het is aan het grandioze, gebogen jugendstilportaal in de machinehal te danken dat de **mijn Zollern II/IV in Dortmund** nog altijd bestaat. In 1969 werd de mijn tot industriemonument verklaard – de eerste in zijn soort in Duitsland. Toen de mijn nog in bedrijf was, was hij ook al iets bijzonders. Het prachtige, in de overgang tussen historisme en jugendstil gebouwde complex was bij de opening in 1898 het mijnbouwkundige paradepaard van het Duitse keizerrijk. Bovendien was het de eerste mijn die enkele jaren later werd geëlektrificeerd.

« Made in Dortmund »

C'est grâce au superbe portail Art Nouveau arqué de la salle des machines que la mine **Zeche Zollern II/IV à Dortmund** n'a pas été détruite et qu'elle est le premier bâtiment d'usine allemand à avoir été nommé monument industriel, en 1969. Avant sa désaffectation, la mine « made in Dortmund » avait servi de modèle à plusieurs reprises. Ainsi, à son inauguration en 1898, le complexe de bâtiments prestigieux, portant à la fois la griffe de l'historisme et de l'Art Nouveau, fut présenté comme la mine modèle de l'Empire allemand. Quelques années plus tard, elle fut la première mine allemande à être électrifiée.

Festung an der Ruhr

Wie so oft in der Geschichte von Städten ging auch der Gründung des heutigen Hattingen-Blankenstein der Bau einer Burg voraus. 1227 lässt Graf Adolf I. von der Mark hoch über der Ruhr die **Burg Blankenstein** errichten, die heute leider nur noch in Teilen erhalten ist. Handwerker und Bauern ließen sich bald darauf zu Füßen der Anlage nieder: Eine Ortschaft mit schönem Marktplatz entstand, der insbesondere seit seiner Neugestaltung in den 1990er-Jahren viel historisches Flair verströmt.

Fortress by the Ruhr

As with so many cities, the history of **Hattingen-Blankenstein** also began with the construction of a castle. In 1227, Count Adolf I von der Mark had Blankenstein castle erected towering high above the river Ruhr. Unfortunately, only parts of it have remained. Soon, craftsmen and farmers settled near the castle complex. A small town with a beautiful market square developed, whose historic flair was beautifully restored in the 1990s.

Vesting aan de Ruhr

Zoals dat bij oude steden wel vaker het geval is, ging ook aan de stichting van het huidige **Hattingen-Blankenstein** de bouw van een belfort vooraf. In 1227 liet graaf Adolf I von der Mark hoog boven de Ruhr de Burg Blankenstein bouwen, waarvan nu alleen nog maar delen over zijn. Al snel vestigden zich aan de voet van de vesting ambachtslieden en boeren en zo ontstond een dorp met een mooi marktplein, dat vooral dankzij de heraanleg in de jaren 1990 veel historische flair uitstraalt.

Forteresse au bord de la Ruhr

Dans l'histoire, nombre de villes se fondèrent autour d'un château, dont **Hattingen-Blankenstein**. En 1227, le comte Adolf I von der Mark fit construire le château Blankenstein au sommet d'une colline longeant la Ruhr. Seules certaines parties sont conservées. Artisans et paysans s'installèrent bientôt dans cette ville au charme historique tout particulier.

Denkmalgeschützter Stadtkern

In New York City heißt es Flatiron Building. In **Hattingen** wird es konsequenterweise als „Bügeleisenhaus" bezeichnet. Beide Gebäude befinden sich unmittelbar an einer Straßengabelung, beide bestechen durch ihre spitz zulaufende Konstruktion. Doch dies ist nicht die einzige Sehenswürdigkeit, die das beschauliche Hattingen zu bieten hat: Fachwerkhäuser schmücken den Platz rund um die pittoreske St. Georgskirche, in dessen unmittelbarer Nähe sich das imposante Rathaus befindet, in dem einst auch Gefängniszellen untergebracht waren.

Listed city centre

What people in New York City call their Flatiron Building in **Hattingen** is called „Bügeleisenhaus". Both structures stand immediately at the forking of a street and are characterised by their pointed construction. But this is not the only sight worth seeing in tranquil Hattingen: half-timbered houses surround the square opening out from picturesque St. George's church and close by stands the imposing town hall where once the prisoners were also kept.

Monumentale dorpskern

In New York City heet het Flatiron Building, maar in **Hattingen** blijft men consequent 'strijkijzerhuis' zeggen. Beide gebouwen bevinden zich direct bij een wegsplitsing en beide vallen op door hun naar voren spits toelopende constructie. Maar dit is niet de enige bezienswaardigheid van het vredige Hattingen: vakwerkhuizen luisteren het plein rond de pittoreske St. Georgskirche op en vlakbij staat ook het imposante stadhuis, waar zich vroeger de kerkers bevonden…

Centre-ville classé monument historique

Si à New York, son nom est « Flatiron Building », à **Hattingen**, on l'appelle maison « fer à repasser », deux bâtiments qui se situent à proximité immédiate d'une bifurcation, où ils viennent se rejoindre en pointe. Mais le « fer à repasser » n'est pas la seule curiosité de la paisible ville de Hattingen : des maisons à colombages ornent la place de la pittoresque église St. Georg, à quelques pas seulement de l'imposant hôtel de ville qui jadis, servait également de prison.

Jugendstil in Vollendung

Als der von einem visionären Kunstgedanken beseelte Karl Ernst Osthaus den Bau eines Privathauses in Auftrag gab, war dessen Einzigartigkeit gewissermaßen vorprogrammiert. Er beauftragte den belgischen Architekten und Designer Henry van de Velde, der nicht nur das Anwesen, sondern ebenso das gesamte Interieur entwarf und gestaltete. Mit dem **Hohenhof in Hagen** ist ein einzigartiges Gesamtkunstwerk entstanden, ein Zeugnis der Jugendstilepoche, das seinesgleichen sucht.

Art Noveau in perfection

When Karl Ernst Osthaus, inflamed by visionary ideas of art, commissioned the construction of a private town house, its uniqueness was as good as predetermined. Belgian architect and designer Henry van de Velde was asked to take on the assignment, and he not only conceived and designed the entire estate but also all of the interior furnishings. The result, **Hohenhof in Hagen**, is a unique overall work of art, a testimony of turn-of-the-century design that has no equal.

Jugendstil ten voeten uit

Toen de door een visionaire kunstidee bezielde Karl Ernst Osthaus de opdracht gaf voor de bouw van een privéhuis, kon al worden vermoed dat het een uniek bouwwerk zou worden. Hij wees de Belgische architect en ontwerper Henry van de Velde aan, die niet alleen het huis maar ook het complete interieur ontwierp en inrichtte. De **Hohenhof in Hagen** is een uniek kunstwerk, een weergaloos staaltje jugendstil- of art-nouveau-architectuur.

L'Art Nouveau dans toute sa splendeur

Poussé par une vision artistique, Karl Ernst Osthaus ordonna la construction d'une maison privée. Ce projet fut mené à bien...et bien plus encore. L'architecte et concepteur belge, Henry van de Velde, chargé de la mise en oeuvre par le visionnaire, assura à la fois la conception de l'intérieur et de l'extérieur du bâtiment. Le bâtiment **Hohenhof** offre à la ville de **Hagen** une oeuvre d'art totale sans pareil, témoignage matérialisé de l'époque de l'Art Nouveau.

Wer will fleißige Handwerker sehn?

Ein Museum, eingebettet in die herrliche Landschaft des Sauerlands. Unter diesen Voraussetzungen wird ein Besuch des **Westfälischen Freilichtmuseums** in Hagen zu einem spannenden und gleichsam erholsamen Ausflug. In den wunderschön restaurierten Fachwerkhäusern des Museumskomplexes lernt der Besucher alles über handwerkliche und frühindustrielle Produktion: Da wird gegerbt und gefärbt, geschöpft und gedruckt, gesägt und geschnitzt, gebacken und gebraut. Und von der Qualität letzterer Handwerkskünste kann man sich direkt vor Ort überzeugen.

Come and see busy craftsmen

A museum embedded in the beautiful Sauerland scenery – with these prerequisites, visiting the open-air **Westfälische Freilichtmuseum** in Hagen turns into both an enticing and a relaxing outing. The museum complex consists of lovingly restored half-timbered houses where visitors learn everything about crafts and early-industrial production methods. Exhibitors are busy tanning and dyeing, scooping and printing, sawing and carving, baking and brewing. The quality of the latter can be tested directly on the premises.

IJverige handwerkers aan het werk

Een museum, verscholen in het prachtige landschap van het Sauerland. Zo bezien is een bezoek aan het **Westfälisches Freilichtmuseum** in Hagen zowel een spannend als een ontspannend uitstapje. In de prachtig gerestaureerde vakwerkhuizen van het museumcomplex leert de bezoeker alles over ambachtelijke en pre-industriële producten. Hier wordt gelooid en geverfd, geschept en gedrukt, gezaagd en gesneden, gebakken en gebrouwen, en van de kwaliteit van de brouwkunsten kunt u zich direct ter plekke zelf overtuigen.

Savoir-faire artisanal

Le musée **Westfälisches Freilichtmuseum** à Hagen se situe au coeur de la merveilleuse région du Sauerland. En se promenant entre les maisons à colombages savamment restaurées du musée, le visiteur enrichit ses connaissances sur la production artisanale et industrielle primaire. Il découvre des produits tannés, teintés, écopés et imprimés, sciés et sculptés, cuits et brassés. Aussi peut-il se convaincre sur place de la qualité de ces divers arts artisanaux.

Wiese aus Grünsandstein

In einem trockengelegten Sumpfgebiet entstand in **Soest** inmitten einer nun blühenden Wiese ab 1313 eine der formvollendetsten westfälischen Hallenkirchen: **St. Maria zur Wiese**, liebevoll Wiesenkirche abgekürzt. Von der Wiese ist heut nur noch ein kleines Stück hinter dem Chor geblieben, doch da das spätgotische Gotteshaus ganz in grünem Sandstein errichtet wurde, scheinen die Mauern noch immer die Natur um sie herum widerzuspiegeln. Das Innere schmückt unter anderem die Westfälische Madonna.

Green sandstone meadow

In the midst of a flowering meadow, in a drained marshland area in **Soest**, from 1313 on, one of the most formally perfected Westphalian hall churches was built: **St. Maria zur Wiese**, lovingly called Meadow Church. Of this meadow, only a tiny bit has remained behind the choir, but since the Late Gothic church was entirely built from green sandstone, the walls appear to be still reflecting the nature that once surrounded them. Inside, there is the Westphalian Madonna worth looking at.

Weide uit groene zandsteen

In een bloeiend veld in een drooggelegd moerasgebied nabij **Soest** ontstond in 1313 een van de mooiste hallenkerken van Westfalen, de **St. Maria zur Wiese**, die liefdevol 'Wiesenkirche' wordt genoemd. Van het veld is tegenwoordig nog maar een klein stuk achter het koor over. Omdat de laatgotische kerk helemaal uit groene zandsteen is opgetrokken, lijken de muren nog altijd de natuur eromheen te weerspiegelen. In het interieur bevindt zich onder andere de Madonna van Westfalen.

Eglise en grès vert

À partir de 1313, l'une des églises halles aux formes les plus parfaites fut érigée sur un ancien terrain marécageux à **Soest** : **St. Maria zur Wiese**, située en plein coeur d'un pré fleuri. Du pré de cette église, appelée amicalement « église de pré », il ne reste plus qu'une petite parcelle derrière le choeur, mais du fait de la construction en grès vert du bâtiment, les façades semblent toujours refléter le pré d'antan. L'intérieur du bâtiment est entre autres orné de la « Westfälische Madonna ».

Regierungssitz seit alters her

Von dem ersten Regierungssitz Arnsbergs, der Burg der Grafen zu Werl-Arnsberg, sind heute nur noch Ruinen zu sehen. Die stolze Burg – um die herum sich in späteren Zeiten die Stadt **Arnsberg** gruppierte – wurde bereits 1102 zum ersten Mal zerstört: durch den Kölner Erzbischof. Dieser wurde bald darauf der Herr der Stadt und ernannte sie zur Residenzstadt des Herzogtums Westfalens. Das brachte Arnsberg ihren noch heute sichtbaren Reichtum ein und 1816 den Status als preußischer Regierungssitz.

Established seat of government

There are only a few ruins left of the first seat of government in Arnsberg, the castle of the counts of Werl-Arnsberg. The proud castle attracted settlers that formed the town of **Arnsberg**. It first destroyed in 1102, by the Archbishop of Cologne. Soon after, he became lord of the town and appointed it residential city of the Duchy of Westphalia. The effect was immense wealth for Arnsberg, which can still be seen today, and in 1816 it was ranked Prussian seat of government.

Regeringszetel sinds mensenheugenis

Van de allereerste residentie van Arnsberg, de burcht van graaf Zu Werl-Arnsberg, zijn tegenwoordig alleen nog ruïnes over. De trotse burcht, waaromheen zich later de stad **Arnsberg** vormde, werd al in 1102 voor de eerste keer verwoest, en wel door de aartsbisschop van Keulen. Deze werd kort daarop bestuurder van de stad en verklaarde de burcht tot residentie van het hertogdom Westfalen. Dit bracht Arnsberg de ook nu nog zichtbare rijkdom. In 1816 werd de stad regeringszetel van Pruisen.

Un duché fait carrière

Du château des comtes de Werl-Arnsberg à **Arnsberg**, il ne reste aujourd'hui que des ruines. Le noble château, autour duquel s'était formée plus tard la ville, fut détruit pour la première fois en 1102, par un archevêque colonais. Ce dernier prit rapidement les rênes de la ville pour la désigner ville-résidence du duché de Westphalie ce qui contribua notoirement à son essor encore visible aujourd'hui. En 1816, la ville d'Arnsberg devint prussienne et siège de gouvernement.

Am westfälischen Meer

100 Jahre staut eine 34 Meter breite Mauer nunmehr die Möhne zu einem riesigen See und versorgt das Ruhrgebiet so mit frischem Wasser. Doch die **Möhnetalsperre** ist mehr: Inmitten des Naturparks Arnsberger Wald gelegen, wird hier geschwommen und gesegelt, entspannt und erholt. Und Kulturinteressierte können an einer historischen Führung teilnehmen, die über die Entstehung der Talsperre ebenso berichtet wie über den Bombenangriff auf die Staumauer 1943. Flutwellen von 12 Metern Höhe überfluteten damals die Umgebung und forderten zahlreiche Opfer.

The Westphalian seaside

For 100 years, a 34-metre deep wall has been damming the Möhne River, forming a gigantic lake that supplies the Ruhr district with fresh water. But **Möhnetalsperre** is more than a dam. Situated in the midst of Arnsberg Forest Nature Park, the lake offers swimming and sailing, relaxation and recreation. Those interested in culture can take part in a guided tour informing about the historical background such as the development of the river dam or the air raids of 1943, when tidal waves of over 12 metres height flooded the area, claiming several lives.

Aan de Westfaalse 'zee'

Sinds een eeuw stuwt een 34 meter brede muur de rivier de Möhne op tot een gigantisch meer dat het Ruhrgebied dagelijks van vers drinkwater voorziet. Toch is het **Möhnetal-stuwmeer** in het natuurpark Arnsberger Wald meer dan alleen een drinkwaterreservoir. Het is ook een eldorado voor zwemmers, zeilers en dagjesmensen. Voor wie meer over de ontstaansgeschiedenis van de stuwdam en het -meer wil weten, is een rondleiding een aanrader. Hierin wordt ook verteld wat er gebeurde na het bombardement in 1943, toen vloedgolven van 12 meter hoog het dal overspoelden en vele mensenlevens eisten.

Mer westphalienne

Depuis 100 ans, une muraille de 34 m de haut forme le lac géant du barrage de la Möhne, réservoir d'eau fraîche du Bassin de la Ruhr. Mais le **Möhnetalsperre** est bien plus qu'un barrage. Situé en plein centre du parc naturel Arnsberger Wald, c'est également un lieu de détente et de divertissement. Les adeptes de la culture peuvent participer à un tour historique pour en apprendre davantage sur la construction du barrage ainsi que sur le bombardement de la digue en 1943. Ce dernier provoqua un raz-de-marée de 12 mètres de haut qui innonda les environs et fit de nombreuses victimes.

Auf Schusters Rappen

Am besten lassen sich die Naturphänomene des **Arnsberger Waldes** zu Fuß erkunden: Während man über die weichen Waldböden wandert und die frische Luft einatmet, steht man irgendwann unweigerlich vor den Sieben Aufrechten. Die sieben riesigen, 150 Jahre alten Eichen wurden in den 60er Jahren durch ein paar aufrechte Bürger vor dem Abholzen bewahrt. Auch der Hohle Stein, eine Höhle im Karstgestein, lohnt mit seiner ihn umgebenden Waldidylle einen Besuch.

On Shanks's pony

The best way to explore the nature phenomena of **Arnsberg forest** is on foot. Walking over the soft forest floor and breathing in the fresh air, you will sooner or later find yourself facing the Sieben Aufrechte, the seven upright. These are seven gigantic oaks, 150 years old, and saved from deforestation in the 1960s by a handful of committed citizens. Hohle Stein, a cave in the karst rocks, idyllically situated in the surrounding woods, is also worth visiting.

Met de benenwagen

De natuurschatten van het **natuurpark Arnsberger Wald** kunt u het beste te voet verkennen. Terwijl u over de zachte bosgrond wandelt en de frisse lucht inademt, staat u op een gegeven moment onvermijdelijk voor de zogeheten Sieben Aufrechten. Deze zeven enorme, 150 jaar oude eiken werden in de jaren 1960 door enkele onverschrokken burgers voor de kap behoed. Ook de 'Hohler Stein', een met prachtige bossen omgeven grot in het karstgesteente, is een bezoek zeker waard.

...km à pied, ça use les souliers !

Les randonnées pédestres favorisent au mieux la découverte des phénomènes naturels de la **Forêt d'Arnsberg**, dans un cadre serein, où les sentiers mènent aux « Sieben Aufrechten », sept chênes géants de 150 ans d'âge. Grâce à l'initiative de quelques citoyens lucides, l'abattement de ces arbres fut évité dans les années 1960. Et, la grotte Hohler Stein, creusée dans la formation karstique et logée dans un espace forestier des plus pittoresques, vaut également le détour.

Zauber des Mittelgebirges

Er wird als „Weg der Sinne" gepriesen. Und jeder, der den **Rothaarsteig** in Teilen oder in seiner Gesamtheit erwandert, wird sich diesem Urteil anschließen können. Es mag nach einem langen Aufstieg der Ausblick auf das noch im Frühnebel liegende Tal sein, das einen verzaubert. Oder die dichten Wälder, die den Wanderer mit einer wohltuenden inneren Ruhe beschenken. Was immer es auch sein mag: 154 Kilometer bestens präparierte Wanderwege zwischen Brilon und Dillenburg bieten jedem Besucher die Möglichkeit, seinen eigenen Weg der Verzauberung zu finden.

The magic of the Central German Uplands

The **Rothaarsteig** is also called the "trail of the senses". Anyone hiking along parts of it or walking the entire trail will agree with this nickname. Maybe the enchantment comes from the panorama which opens up after a long ascent, displaying the valley covered in early morning mist. Or maybe it is due to the dense woods that spoil the wanderer with their soothing tranquility. Whatever the reason might be, these 154 kilometres of well-tended hiking trails extending between Brilon and Dillenburg offer the possibility for every visitor to find his or her own trail of enchantment.

Sauerland

Merveilles de la Mittelgebirge

Le surnom du **Rothaarsteig**, « Weg der Sinne » (sentier des sensations), est assurément bien choisi. Vallées dissimulées par le brouillard matinal, forêts denses et sereines...les 154 km de sentiers bien tracés entre Brilon et Dillenburg offrent aux randonneurs de véritables trésors de merveilles.

Betoverend middelgebergte

Hij wordt geprezen als 'Weg der zinnen', en wie de **Rothaarsteig** deels of in zijn geheel volgt, zal het hier roerend mee eens zijn. Wellicht is het het uitzicht op het dal dat nog onder een dunne deken van de ochtendnevels ligt, dat de wandelaar na een lange klim in zijn ban trekt. Of misschien zijn het de donkere bossen, die zo'n aangename rust uitstralen. Wat het ook is, een ding staat vast: op een van de uitstekende wandelpaden van het 154 kilometer lange traject tussen Brilon en Dillenburg zal iedere bezoeker zijn eigen 'Weg der zinnen' ontdekken.

Von Felsen und Seen

Der **Naturpark Homert** liegt im Nordwesten des Sauerlands und bietet vor allem eins: Abwechslung. Mystisch und verwunschen erscheint das Felsenmeer von Hemer, Ruhe und Naturidylle versprechen die Uferbereiche der Hennetalsperre und des Sorpesee, schroff und steil ragen die Felswände im Hönnetal empor und zahlreiche Höhlen als Zeugnisse eines Jahrmillionen andauernden Formungsvorgangs durch Wasser laden zu einer spannenden geologischen Zeitreise ein.

Of rocks and lakes

Naturpark Homert lies in the north-west of the Sauerland and offers variety par excellence. The Hemer Felsenmeer is a sea of rocks, a mystic and enchanted place. The river banks of Hennetal Dam and Sorpe Lake are quiet and idyllic while the cliffs of Hönnetal Valley stand craggy and steep, with numerous caves witnessing the constant process of formation through water that has been taking place here for millions of years – an exciting geological time travel.

Het land van rotsen en meren

Het **natuurpark Homert** ligt in het noordwesten van het Sauerland en biedt een heleboel afwisseling. Mystiek en betoverend is het met rotskeien bezaaide gebied bij Hemer; stilte en idylle kenmerken de oevers van de Sorpesee achter de Hennetal stuwdam, en ruw en steil zijn de rotswanden in het Hönnetal. De talloze grotten getuigen van de al sinds miljoenen jaren in gang zijnde vorming door het water en nemen de bezoeker mee op een spannende geologische tijdreis.

Lacs et mers de falaises

Le **Parc naturel Homert** au nord-est du Sauerland se distingue tout particulièrement par sa diversité : mer de falaises de Hemer, nature pittoresque autour du barrage Hennetalsperre et du lac Sorpesee, parois rocheuses de la Hönnetal. Et, les innombrables grottes du parc incitent le visiteur à faire un voyage géologique dans le passé qu'il ne sera pas prêt d'oublier.

Zwischen Stalaktiten und Stalagmiten

Sie ist etwa 390 Millionen Jahre alt, stammt aus dem Mittleren Devon und hat eine Gesamtlänge von 6670 m. Damit ist die **Atta-Höhle bei Attendorn** die größte Tropfsteinhöhle Deutschlands, genießt aber gleichzeitig den Ruf, auch die schönste zu sein. 1800 m der 1907 von Steinbrucharbeitern entdeckten Höhle sind heute für Besucher zugänglich. Doch die Betreiber nutzen die unterirdischen Stollen noch weit mehr: Attakäse reift hier heran und eine Gesundheitsgrotte wurde errichtet, deren keimfreies Höhlenklima etwa Asthma lindern soll.

Between stalactites and stalagmites

It is estimated to be 390 million years old, dates from the Middle Devonian age and has a total length of 6670 m. This makes the **Atta cave** near Attendorn the largest dripstone cave in Germany. Furthermore, it is also known to be the most beautiful. Today, 1800 metres of the cave, which was discovered in 1907 by quarry workers, are open to the public. But the owners use the underground drifts for much more than that: Atta cheese matures here and a health grotto was established for people who suffer from asthma, as the aseptic climate inside the cave is held to be alleviating.

Tussen stalactieten en stalagmieten

De **Atta-Höhle** bij Attendorn, de grootste en mooiste druipsteengrot van Duitsland, is ongeveer 390 miljoen jaar oud. Hij stamt uit het midden-devoon en heeft een totale lengte van 6670 meter. Bezoekers kunnen ongeveer 1800 meter van de in 1907 door arbeiders van een steengroeve ontdekte grot bezichtigen. Dat de onderaardse gangen ook praktische voordelen hebben, heeft de exploitant allang ontdekt. Hier ligt niet alleen de Atta-kaas te rijpen, hij herbergt ook een kuurgrot. De steriele grotlucht is namelijk ideaal tegen astma.

Fntre stalactites et stalagmites

Vieille de quelque 390 millions d'années, remontant au Devonien moyen et s'étirant au total sur une longueur de 6 670 m, l'**Atta Höhle** (grotte d'Atta) près d'Attendorn est à la fois la plus grande et la plus belle grotte d'Allemagne. Découverte en 1907 à l'occasion de travaux dans une carrière, ses couloirs de près de deux kilomètres de long sont aujourd'hui accessibles aux visiteurs. La galerie se prête également à d'autres utilisations, entre autres, le fromage de la grotte, Attakäse, y mûrit et, une grotte de santé y fut installée dont les vertus thérapeutiques de l'air seraient bénéfiques pour soigner l'asthme.

Wo die Natur ihr Bestes gibt

Neun Talsperren verteilen sich über den knapp 800 Quadratkilometer großen **Naturpark Ebbegebirge** – einer facettenreichen Mittelgebirgslandschaft im Sauerland, die man am besten auf den gut angelegten Wanderwegen erkundet. Diese führen durch wunderschöne Wälder, in denen Rauhfußkauz und Schwarzspecht zu Hause sind, geleiten durch pittoreske Fachwerkdörfer und vorbei an Burgruinen und Schlössern und gewähren von den vielen Bergkuppen immer wieder fantastische Ausblicke auf dieses wunderschöne Stück Natur.

Where nature gives her best

Nine river dams are spread across the approximately 800 square kilometres of the large **Naturpark Ebbegebirge** – a multifaceted low mountain range in the Sauerland region which is best explored via the well-laid out hiking trails. They lead through beautiful woods where Tengmalm's owl and black woodpecker have made their homes, to picturesque villages with half-timbered houses, past castle ruins and palaces. From the many hill tops, there are fabulous views of this amazing landscape.

Weergaloze natuur

In het ongeveer 800 vierkante kilometer grote **natuurpark Ebbegebirge** treffen we maar liefst negen stuwmuren aan. Het is een zeer afwisselend middelgebergtelandschap in het Sauerland, dat je het beste te voet verkent via de uitstekende wandelpaden. Deze voeren door weelderige bossen – de leefomgeving van de ruigpootuil en zwarte specht – door schilderachtige dorpjes met vakwerkhuizen en langs kastelen en vervallen burchten. Vanaf de talloze bergtoppen heeft de bezoeker altijd weer een geweldig uitzicht op de schitterende natuur

Le meilleur de la nature

Situé dans la région du Sauerland, le **parc naturel Ebbegebirge**, aux paysages très diversifiés et avec neuf barrages de vallées, réparti sur une superficie de 800 km^2, se prête idéalement à la randonnée. Les sentiers mènent à travers de somptueuses forêts peuplées par la chouette de Tengmalm et le pic noir, tout en longeant de pittoresques maisons à colombages, des châteaux-forts en ruine et, chaque sommet de colline présente une vue nouvelle et fantastique sur cette nature d'une intense beauté.

Sauerlands Paradies

Er ist nicht nur die größte Talsperre Westfalens und versorgt damit Tausende Einwohner mit Wasser, der **Biggesee** im Sauerland ist auch das Freizeitparadies der Region. Sommers und winters wird hier Bötchen gefahren, geschwommen, gewandert und Ski gefahren. Das diese umwaldete Idylle in den 1950er und 60er Jahren von Menschenhand erbaut wurde und heute 150.000.000 Millionen Kubikmeter Wasser speichert, scheint dabei kaum noch vorstellbar.

Sauerland's paradise

Not only is it the biggest river dam in Westphalia, supplying thousands of inhabitants with water, but **Biggesee** lake in the Sauerland is also the region's leisure-time paradise. In summer and winter people row boats, swim, walk or go skiing. The idyll, surrounded by woods, was built in the 1950s and 60s and today holds an unimaginable 150,000,000 million cubic metres of water.

Het paradijs van het Sauerland

De **Biggesee** in het Sauerland is niet alleen het grootste stuwmeer van Westfalen en het reservoir dat duizenden mensen dagelijks van drinkwater voorziet. Het is ook nog hét recreatiegebied van de streek. 's Zomers komen de zeilers, zwemmers en wandelaars, 's winters de skiërs. Dat dit bosrijke gebied in de jaren 1950 en 1960 door mensenhanden werd aangelegd en dat het meer zo'n 150.000.000 miljoen kubieke meter water bevat, is bijna onvoorstelbaar.

Site idyllique

Le **Biggesee** n'est pas seulement le plus grand barrage de vallée de Westfalie et ainsi, le plus grand distributeur d'eau pour plusieurs milliers d'habitants, ce lac est également le paradis de loisirs de la région. Été comme en hiver, le Biggesee et ses alentours font le bonheur des nageurs, randonneurs et skieurs. On a peine à croire que ce site idyllique entouré de forêts et stockant quelque 150 000 000 millions de mètres cube d'eau, n'est pas une zone naturelle puisqu'il a été entièrement créé par des « mains humaines » dans les années 1950 à 60.

Apachen im Rothaargebirge

Lagerfeuer rauchen zwischen den Wigwams, einige Meter weiter klingt Musik aus dem Saloon. Man fühlt sich, als sei man im Wilden Westen – und dabei sitzt man im sauerländischen **Elspe** im Rothaargebirge. Bei den alljährlichen **Karl-May-Festspielen** kann man sich in die Wildwest-Geschichten des deutschen Volksschullehrers und Schriftstellers hineinversetzen, aber auch das Leben im Amerika des ausgehenden 19. Jahrhunderts kennenlernen. Dass selbst Pierre Brice hier einst auftrat, spricht für die Güte des Spektakels.

Apaches in the 'Red Hair' mountains

Bonfires are smoking, wigwams erected around them, a few metres further on music wafts from out of the saloon. This is what it feels like in the Wild West – although we actually are in **Elspe**, in the mountainous Rothaargebirge of the Sauerland region. This is where the annual **Karl-May Festival** is staged, bringing to life the adventures penned down by the German elementary-school teacher and author May. But it also gives an insight into life in the US in the late 19th century. It is a spectacle worth while and even Pierre Brice, who starred in the Wild West film adaptations of Karl May, once performed here.

Apaches in het Rothaargebirge

Kampvuren walmen tussen de wigwams, een paar meter verderop klinkt muziek uit de saloon. Bezoekers hebben het gevoel in het Wilde Westen te zijn, maar toch bevinden ze zich in **Elspe** in het Rothaargebirge (Sauerland). Tijdens de jaarlijkse **Karl-May-Spiele** heeft men niet alleen de kans zich te verplaatsen in de wildwestavonturen van de bekende Duitse schoolmeester en schrijver, maar ook het laat-negentiende-eeuwse leven in Amerika te leren kennen. Dat hier ooit ook Pierre Brice als Winnetou optrad, spreekt voor de kwaliteit van het spektakel.

Des Apaches en Allemagne ?

À travers les wigwams se propage la fumée des feux de camp, plus loin, une musique retentit d'un saloon. On se croirait dans l'Ouest sauvage des Etats-Unis. En réalité, on se trouve à **Elspe**, dans le Rothaargebirge, région montagneuse du Sauerland, où se déroule chaque année le **Festival de Karl-May**, célèbre auteur de romans d'aventures au Far West. Ce festival est synonyme de qualité, preuve en est qu'à l'époque, Winnetou, alias Pierre Brice, participait au spectacle.

Skifahren auf dem Kahlen Asten

Skilifte- und pisten, Skisprungschanze und Bobbahn – man muss nicht erst bis in die Alpenregion fahren, um in den Genuss dieses winterlichen Vergnügens zu kommen. Winterberg heißt das Ziel im Hochsauerland, das mit dem **Kahlen Asten** ganze 841 Höhenmeter aufzuweisen hat. Das beeindruckt nicht nur Niederländer, die hier ihre „alpine" Heimat gefunden haben: Sobald der erste Schnee gefallen ist, kommen Wintersportler von nah und fern und verwandeln den Nordosten des Rothaargebirges in ein quirliges Skigebiet.

Skiing on Kahler Asten

Ski lifts and slopes, jumps and a bobsleigh run – you don't have to travel as far as the Alps to enjoy these winter pleasures. **Winterberg** is the name of your destination in the Hochsauerland region with the Kahler Asten Mountain, 841 metres high. This not only impresses our Dutch neighbours, who have made it their "alpine" second home. Once the first snow has fallen, winter sports fans come from near and far to turn the north-east of the Rothaargebirge mountains into a busy ski resort.

Skiën op de Kahler Asten

Skiliften en pistes, een springschans en een bobsleebaan – je hoeft niet naar de Alpen te rijden om te kunnen genieten van de wintersport, want er is ook nog **Winterberg** in het Hochsauerland. De hoogste top is de Kahler Asten (841 meter). Niet alleen de talrijke Nederlanders die hier hun 'alpine' vakantieoord hebben gevonden, zijn van deze plek onder de indruk. Zodra de eerste sneeuw valt, komen wintersporters van heinde en ver en veranderen het noordoostelijke deel van het Rothaargebirge in een gezellig skigebied.

Skier sur le Kahler Asten

Les remonte-pentes et les pistes skiables, le tremplin de saut à ski et la piste de bobsleigh prouvent qu'il n'y a pas que les Alpes qui se prêtent aux sports d'hiver. Durant la froide saison, la **Winterberg** (montagne d'hiver) est une destination très prisée du Hochsauerland, région culminant à 841 m d'altitude avec le Kahler Asten. Cette destination ne fait pas seulement la joie des Néerlandais qui trouvèrent en ce lieu leur « patrie alpine ». Dès la première neige, le nord-est du Rothaargebirge se métamorphose en une station d'hiver fréquentée par des skieurs d'ici et d'ailleurs.

Konzentrierte Vielfalt

Schauplatz für Industriegeschichte, Herberge für Skulpturen oder Heimat für Baumriesen – **Ratingen** ist all dies, und noch viel mehr! Die erste Fabrik auf dem europäischen Kontinent wurde hier errichtet. Das Rheinische Industriemuseum Cromford erzählt von diesem spannenden Kapitel Stadtgeschichte, das mit Industriespionage zu tun hat. Ein Kontrastprogramm bietet der 100 Jahre alte Poensgenpark mit wunderschönen einheimischen und exotischen Baumarten. Und wer Kunst sucht, wird allerorten fündig, denn Skulpturen verteilen sich über das gesamte Stadtgebiet.

Concentrated variety

A setting for the history of industrialisation, a home for sculptures and gigantic trees alike – this, and much more besides, is **Ratingen**. Here, the first factory on the European continent was erected. The Rheinische Industriemuseum Cromford tells of this interesting chapter of the city's history, which is strongly connected with industrial espionage. In contrast, the Poensgenpark, which is 100 years old, lures with beautiful tree species, both indigenous and exotic. Art lovers will find something all over the city, because it is strewn with sculptures.

Grote verscheidenheid

Het toneel van industriegeschiedenis en een mekka voor liefhebbers van beeldhouwkunst en boomreuzen – dit is allemaal **Ratingen**, maar er is nog meer! De eerste fabriek van Europa werd hier gebouwd. Het Rheinisches Industriemuseum Cromford laat u kennismaken met dit spannende hoofdstuk uit de stadshistorie, waarin ook industriële spionage een rol speelt. Een programma vol contrasten biedt het 100 jaar oude Poensgenpark met zijn prachtige inheemse en uitheemse boomsoorten. Wie op zoek is naar kunst, kan in de hele stad terecht omdat overal beeldhouwwerken staan.

Concentré de diversité

Lieu d'histoire industrielle, foyer de sculptures ou d'arbres géants – la ville de **Ratingen** est tout cela et bien plus encore ! La première usine du continent européen y fut érigée et, le Rheinisches Industriemuseum Cromford dévoile ce chapitre passionnant de l'histoire de la ville. Orné de somptueux arbres autochtones et exotiques, le parc Poensgenpark centenaire offre un programme contrasté où l'amateur d'art, et plus précisément de sculptures, trouvera son compte.

Düsseldorf und Kreis Mettmann

Auf High Heels durch die Geschichte

Wer käme beim Anblick all der Krokotaschen, Nerzmäntel und High Heels auf die Idee, dass die liebevoll zur „Kö" abgekürzte **Düsseldorfer Königsallee** einst Synonym für Anarchie und Unordnung in der Rheinprovinz war. Denn wo heute Hermes und Chanel ihre Waren und die Düsseldorfer ihre Eleganz präsentieren, bewarfen sie einst Preußenkönig Friedrich Wilhelm IV. mit Pferdeäpfeln. Das „feige Attentat" gab der heute berühmtesten Einkaufsstraße des Landes ihren Namen – dem sie mehr als gerecht wird: mit prächtigen Läden, eleganten Damen und wahrhaft königlichen Preisen.

High heels and history

Looking at all those crocodile leather bags, fur coats and high heels, who would imagine that **Düsseldorf's Königsallee**, lovingly nicknamed Kö, once used to be the synonym for anarchy and disorder in the Rhine province? At the spot where today Hermes and Chanel display their goods and the people of Düsseldorf present themselves in all their elegance, they once threw horse dung at the Prussian king, Friedrich Wilhelm IV. Following this "cowardly attack", the avenue that today is Germany's most famous shopping mall was renamed "king's avenue" in honour of the monarch – and judging by the magnificent shops, the dainty ladies and truly royal prices, it lives up to its name.

Op hoge hakken door het verleden

Wie komt bij het zien van al die tassen van krokodillenleer, nertsmantels en naaldhakken op het idee dat de **Königsallee in Düsseldorf**, die hier liefdevol 'Kö' wordt genoemd, ooit voor anarchie en wanorde in de Rijnprovincie stond? Waar de huidige inwoners hun elegantie tentoonspreiden en Hermes en Chanel dragen, bekogelden hun voorouders koning Frederik Willem IV van Pruisen met paardenvijgen. Door deze laffe daad kwam de beroemdste winkelstraat van Noordrijn-Westfalen aan zijn naam – die hij overigens alle eer aandoet, gezien de dure winkels en waarachtig vorstelijke prijzen.

Une rue des plus majestueuses

Il est difficile d'imaginer qu'autrefois, le boulevard **Königsallee de Düsseldorf**, « Kö » pour les intimes, symbolisait l'anarchie et le chaos dans la province rhénane, en voyant tant de luxe autour de soi. Car, là où des magasins renommés tels que Hermès et Chanel exposent aujourd'hui leur marchandise, le peuple saluait jadis le Roi Frédéric-Guillaume IV de Prusse par des jets de crottins de cheval. Ce « lâche attentat » a donné son nom à la rue commerciale qui, aujourd'hui, est la plus célèbre du Land fédéral, avec ses boutiques somptueuses, ses dames élégantes et ses prix véritablement majestueux.

Junge Talente

Sie ist Ausstellungsort für junge Künstler, denen die Tür in die renommierten Häuser K 20 und 21 noch nicht offen steht: die **Kunsthalle Düsseldorf**. Der 1967 in schlichten Betonfertigteilen errichtete Kubus galt lange als Schandfleck der Stadt. Doch der Erfolg des Hauses, das keine eigene Sammlung, sondern ständig wechselnde Ausstellung bietet, versöhnte auch den ärgsten Kritiker. Und so dürfen hier auch weiterhin junge, regionale Künstler darauf hinarbeiten, ihre Werke einmal im K 21 sehen zu dürfen.

Young talents

Kunsthalle Düsseldorf is the exhibition space reserved for young artists who are not renowned enough yet to be welcomed into the distinguished museums K 20 and K 21. For many years, the plain cubic structure built in 1967 out of prefabricated concrete parts – there being an acute lack of material in the post-war period – was deemed to be the city's black spot. And yet, the house which only shows temporary exhibitions and has no collection of its own was so successful that it pacified even the most bitter critics. Thus, young and upcoming artists from the region can present themselves here, and who knows, they might one day be shown in the K 21.

Jong talent

Voor jonge kunstenaars voor wie de deur van de grote kunstgalerijen K 20 en 21 nog gesloten is, is de **Kunsthalle Düsseldorf** de expositieruimte bij uitstek. De in 1967 van prefab betonelementen – een naoorlogse 'uitvinding' om het tekort aan bouwmateriaal op te vangen – gebouwde kubus gold lange tijd als schandvlek. Maar het succes van de Kunsthalle, dat overigens geen eigen verzamelingen heeft, maar wisselende exposities tentoonstelt, heeft de critici doen verstommen. En daarom streven tal van jonge kunstenaars uit de omgeving ernaar hun werken ooit eens in K 21 te mogen tonen.

Jeunes talents

La **Kunsthalle Düsseldorf** se définit comme un lieu d'exposition pour jeunes artistes n'ayant pas encore accès aux établissements K 20 et 21 renommés. Le cube construit en 1967 à partir de simples éléments préfabriqués en béton en raison de la pénurie de matériaux d'après-guerre fut pendant longtemps considéré comme une « tache de honte ». Le succès de l'établissement, sans collection propre, mais offrant des expositions toujours variées, aura néanmoins adouci même le plus sévère des critiques.

Königsentführung in der Pfalz

Heute liegt über den Ruinen der **Kaiserpfalz zu Kaiserswerth** keine Niedertracht mehr, wenn sonntägliche Besucher durch ihre ehrwürdigen Mauern spazieren. Und doch war sie im Jahr 1062 Schauplatz einer perfiden Entführung: Nach einem prachtvollen Festmahl lud Erzbischof Anno II. von Köln den minderjährigen König Heinrich IV. auf ein Rheinschiff ein. Kaum war der Knabe dort angelangt, legte das Schiff ab und entführte ihn nach Köln. So erpresste Anno die Herausgabe der Reichsinsignien und damit die Regierungsgewalt im Reich.

Royal abduction in the Palatinate

These days, all is peaceful above the ruins of the imperial palace, the **Kaiserpfalz zu Kaiserswerth**. Sunday visitors now stroll along its venerable remnants. But in 1062, this was the scene of a perfidious abduction: after an abundant feast, archbishop Anno II of Cologne invited the underage king, Henry IV, to accompany him on board a ship. The minute the boy set foot on the vessel the ship put out and abducted him to Cologne. In this way, Anno by force gained hold of the imperial insignia, which meant he held the governmental power in the realm.

Het verhaal van de ontvoerde koning

Als 's zondags de bezoekers door de eerwaardige ruïnes van de **Kaiserpfalz in Kaiserswerth** wandelen, herinnert niets meer aan de lafhartige ontvoering die hier in 1062 plaatsvond. Na een verrukkelijk, rijk feestmaal nodigde aartsbisschop Anno II van Keulen de minderjarige koning Hendrik IV uit op zijn schip op de Rijn. Toen de jonge koning goed en wel aan boord was, legde het schip af en was de ontvoering naar Keulen een feit. Zo dwong Anno de rijksinsignes en de daarmee verbonden macht over het rijk af.

Enlèvement royal

De nos jours, l'ambiance oppressante d'antan ne règne plus sur les ruines du **Kaiserpfalz de Kaiserswerth**, lorsque les promeneurs du dimanche longent les vénérables murailles. En effet, en 1062, le palais impérial fut le lieu d'un enlèvement perfide. À la suite d'un festin splendide, l'archevêque Anno II de Cologne invita le roi Henri IV, encore mineur, sur un bâteau rhénan. À peine ce dernier était-il monté à bord que le bateau débarqua et enleva le roi à Cologne. En échange de celui-ci, Anno exigea la restitution des insignes impériaux et par là, le pouvoir gouvernemental du royaume.

Der 2 1/2 Stock

Wer von weitem auf das **Benrather Schloss** zugeht, würde nicht vermuten, dass sich in dem eleganten, im Übergang von Rokoko zum Klassizismus erbauten Palast mehr als die sichtbaren zwei Stockwerke befinden. Doch der Baumeister Nicolas de Pigage brachte noch zwei niedrige Dienstbotengeschosse unter, beleuchtet von Lichthöfen und winzigen Dachluken. Das Schloss beherbergt heute drei Düsseldorfer Museen, darunter das Museum für Europäische Gartenkunst.

2 1/2 Storeys

Walking towards **Benrather Schloss** from afar, you wouldn't think that there are more than two storeys inside this elegant edifice, constructed in the transition period between Rococo and Classicism. But master builder Nicolas de Pigage managed to tuck in two very low storeys for the servants, illuminated via atriums and tiny skylights. Today, the palace on the outskirts of Düsseldorf houses three museums, amongst which the Museum for European Horticulture.

De 'tweeënhalve' verdieping

Wie vanuit de verte **Schloss Benrath** bekijkt, bevroedt niet dat het elegante, in de overgang tussen het rococo en het classicisme gebouwde paleis uit nog meer dan de twee zichtbare verdiepingen bestaat. Bouwmeester Nicolas de Pigage wist namelijk nog twee lage etages voor dienstbodes onder te brengen, waar het licht via lichtkokers en kleine dakvensters naar binnen valt. Tegenwoordig herbergt het slot drie musea, waaronder het Museum für Europäische Gartenkunst.

Un demi-étage invisible au premier coup d'oeil

À première vue, le visiteur est loin de se douter que le **Château de Benrath**, édifié durant la période transitoire entre rococo et classicisme, comporte deux étages et demie ! En effet, Nicolas de Pigage, maître d'oeuvre, fit aménager pour les domestiques deux étages à bas plafond, éclairés par des cours vitrées et pourvus de minuscules lucarnes. Le château héberge aujourd'hui trois musées de Düsseldorf, dont le Museum für Europäische Gartenkunst (Musée de l'art européen des jardins).

Kunst parallel zur Natur

Das Motto des französischen Künstlers Paul Cézanne hat sich auch das **Museum Insel Hombroich** auf die Fahnen geschrieben. Inmitten der wunderbaren Erft-Auenlandschaft geht es nicht mehr nur darum, Kunst anzusehen; sie soll empfunden werden. Dass man dabei auch von Zeit zu Zeit auf einen dort arbeitenden Künstler trifft, macht das Kunst-Natur-Erlebnis umso anschaulicher. Auch die ehemalige Nato-Raketenstation gehört mittlerweile zum Museum. In den alten Hallen leben und arbeiten etwa zehn Künstler.

Art and nature on a level

The motto of French artist Paul Cézanne inspired the conception of the **Museum Insel Hombroich**. Set right within the fabulous Erft meadowlands, the idea is not just to look at art but to sense it. The art-nature experience becomes even more vivid through the fact that you might very well encounter an artist working there. Meanwhile, the former Nato rocket station has also been incorporated into the museum. About ten artists live and work in the old hangars.

Kunst parallel aan de natuur

Dit motto van de Franse kunstenaar Paul Cézanne staat ook hoog in het vaandel geschreven van het **Museum Insel Hombroich**. Midden in het prachtige uiterwaardenlandschap van de Erft gaat het er niet alleen om kunst te bekijken, maar ook om deze te beleven. Dat je daarbij zo af en toe op een kunstenaar stuit die druk aan het werk is, maakt deze kunst-natuurbelevenis des te aanschouwelijker. Ook de voormalige raketlanceerbasis van de NAVO behoort inmiddels tot het museum. In de oude hangaars wonen en werken zo'n tien kunstenaars.

Art et nature combinés

La maxime de l'artiste français Paul Cézanne est appliquée à la lettre, ou plutôt, au pinceau, au sein du **Museum Insel Hombroich**. Au coeur du merveilleux paysage alluvial de l'Erft, il ne s'agit pas seulement de contempler des oeuvres d'art, mais aussi de les « ressentir ». Pouvoir observer les artistes à la tâche fait tout le charme de cette découverte de l'art en pleine nature. Aujourd'hui, l'ancienne base de lancement de fusées de l'OTAN est également intégrée au musée. Près de dix artistes vivent et travaillent dans les anciennes halles de la base.

So war es in der Steinzeit

1856 entdeckten Steinbrucharbeiter in der Feldhofer Grotte im Neanderthal bei Mettmann 16 Knochen. Was beinahe achtlos auf dem Müll gelandet wäre, stellte sich nach ersten Nachforschungen als Skelett-Teile eines urzeitlichen Menschen, des Homo neanderthalensis, heraus. Am Fundort befindet sich heute das **Neanderthal Museum**: Dort kann man nicht nur den spektakulären Fund ansehen, sondern in die Steinzeit abtauchen, die Pflanzen- und Tierwelt kennenlernen und mit eigenen Händen die Werkzeuge der Urzeit herstellen.

How it was in the Stone Age

In 1856 quarry workers detected 16 bones in the Feldhofer Grotte in Neanderthal outside of Mettmann. These were nearly thrown in the trash, but after some research they turned out to be parts of the skeleton of a primeval man, the homo neanderthalensis. On the site where the bones were found, today there is the Neanderthal Museum. Not only is the spectacular find on display, but here you can delve into the Stone Age, get to know the animal and plant life of the time and produce primeval tools with your own hands.

Zo was het in de steentijd

In 1865 ontdekten arbeiders van een steengroeve in de grot van Feldhof in het Neandertal bij Mettmann 16 beenderen. Bijna waren ze bij het afval terechtgekomen, maar nog net op tijd ontdekte men dat het skeletdelen waren van een oermens, de Homo neanderthalensis. Op de vindplaats bevindt zich nu het **Neanderthal Museum**. Hier kan men niet alleen deze spectaculaire vondsten bekijken, maar ook een kijkje nemen in de steentijd, de planten- en dierenwereld leren kennen en met eigen handen gereedschap uit de oertijd maken.

L'Âge de pierre

En 1856, des ouvriers de carrière découvrirent 16 ossements dans la grotte de Feldhof, située dans la vallée de Neanderthal près de la ville de Mettmann. Ce qui a failli être jeté par inadvertance provenait en fait du squelette d'un Homo neanderthalensis, l'homme de Neanderthal, nommé d'après le lieu du même nom. Aujourd'hui, le **Neanderthal Museum**, fondé en ce lieu, expose cette trouvaille spectaculaire et plonge le visiteur dans l'Âge de pierre et lui fait découvrir la faune et la flore de l´epoque. Il pourra également fabriquer lui-même des outils à la façon de ses ancêtres.

Spiritueller Anziehungspunkt

Wechselvoll ist die Geschichte des **Klosters Knechtsteden**, das ab 1138 als Stift für den Prämonstratenser-Orden erbaut wurde: Weder die Pest noch kriegerische Auseinandersetzungen oder Plünderungen machten vor der weitläufigen Klosteranlage halt, deren Mittelpunkt die imposante dreischiffige Gewölbebasilika St. Maria und St. Andreas ist. Heute bewohnen nur noch rund 30 Spiritaner-Missionare Kloster Knechtsteden, das – eingebettet in einer schönen Naturlandschaft – als Ort der Ruhe und Einkehr viele Besucher anlockt.

Spiritual attraction

The story of **Knechtsteden monastery**, built from 1138 on as a convent for the Praemonstratensian order, is chequered indeed. The extensive monastery complex, whose core is the impressive three-aisled vaulted basilica St Mary and St Andrew, was affected by plague, armed conflicts and pilferages. Today, Knechtsteden monastery is merely inhabited by two-and-a-half dozens of Spiritan missionaries. The estate, beautifully situated in the surrounding countryside, today is a visitors' favourite retreat – peaceful and meditative.

Spirituele magneet

Klooster Knechtsteden, dat na 1138 werd gebouwd voor de monniken van de norbertijnerorde, kijkt terug op een bewogen geschiedenis. Ook de bewoners van het weidse complex, met in het centrum de imposante, driescheepige basiliek St. Maria und St. Andreas met haar gewelfconstructie, ontkwamen niet aan ziekten zoals de pest, oorlogshandelingen en plunderingen. Nu wonen er nog dertig zogeheten Spiritaner-missionarissen in het klooster, dat als oord van rust en bezinning te midden van een fraai landschap talloze bezoekers lokt.

Lieu de recueillement

Le **Monastère de Knechtsteden**, édifié dès 1138 pour héberger l'ordre des chanoines réguliers de Prémontré, témoigne d'une histoire mouvementée. Ce bâtiment, avec son imposante basilique voûtée St. Maria & St. Andreas, à triple nef, n'échappa ni à la peste, ni aux attaques armées ni aux pillages. Aujourd'hui, ce monastère n'est plus habité que par une trentaine de missionnaires spiritains. Situé au coeur d'une nature rayonnante, il attire bon nombre de visiteurs en quête de tranquilité et de recueillement.

Ausflug ins Mittelalter

Sie gilt als die besterhaltene mittelalterliche Stadt im Rheinland, die **Zollfeste Zons** zwischen Köln und Düsseldorf. Umwehrt mit gewaltigen Stadtmauern, ließ der Kölner Erzbischof 1372 dort eine Festung zur Erhebung des Rheinzolls errichten. Ein Jahr später erhielt Zons die Stadtrechte, sodass sich bald eine blühende Stadt entwickeln konnte. Noch heute sind die mittelalterlichen Gebäude in weiten Teilen erhalten – so etwa der stolze runde Juddeturm an der Burgmauer.

A trip to the Middle Ages

The **Zollfeste Zons** is famed as the best preserved medieval town in the entire Rhineland. Situated between Düsseldorf and Cologne and protected by enormous city walls, it was the Archbishop of Cologne, who in 1372 had a fortress erected there to collect the Rhine customs duty. One year later, Zons was granted the town privilege and soon it developed into a flourishing town. Large parts of the medieval buildings have remained intact, such as the proud circular Juddeturm, Jews' Tower, by the castle wall.

Uitstapje naar de middeleeuwen

De **Zollfeste Zons** tussen Düsseldorf en Keulen staat bekend als een van de best bewaard gebleven middeleeuwse steden van het Rijnland. Binnen de dikke stadsmuren liet de aartsbisschop van Keulen in 1372 er een vesting bouwen om tol te heffen van de schepen die over de Rijn voeren. Een jaar later kreeg Zons het stadsrecht, zodat het al snel een bloeiend stadje werd. De middeleeuwse gebouwen, waaronder de ronde Juddeturm naast de kasteelmuur, zijn grotendeels nog intact.

Excursion dans le Moyen-Âge

Elle compte parmi les villes médiévales les mieux conservées de Rhénanie, la **Zollfeste Zons**, entre Cologne et Düsseldorf. En 1372, l'archevêque de Cologne y fit édifier une forteresse entourée de majestueuses murailles en vue d'y percevoir le droit de navigation du Rhin. Un an plus tard, Zons obtint ces droits qui lui valurent un essor économique remarquable. Aujourd'hui encore, les bâtisses médiévales subsistent en partie, la tour ronde Juddeturm à proximité des remparts en est un fier exemple..

Lieblingsort der Deutschen

Sie ist das Wahrzeichen Wuppertals und einer der liebsten Orte der Deutschen: die **Schwebebahn**. Im Jahr 1900 von Kaiser Wilhelm II. eingeweiht, ist die Schwebebahn de facto eine Hängebahn, die an ihren Schienen aufgehängt ist. Ein spektakulärer Zwischenfall ereignete sich 1950, als während einer Werbeaktion der Zirkuselefant Tuffi aus dem Waggon in die Wupper sprang. Wie durch ein Wunder blieb die Elefantendame fast unverletzt.

A German favourite

It is the landmark of Wuppertal and one of Germany's favourite destinations: suspension railway **Schwebebahn**. Inaugurated in 1900 by Emperor Wilhelm II, this suspension railway is in fact hooked to its tracks. A spectacular incident occurred in 1950, when during an advertising campaign circus elephant Tuffi jumped out of the carriage and into the river Wupper. It is a miracle that the elephant lady remained as good as unharmed.

Geliefd reisdoel in Duitsland

Het is hét symbool van de stad Wuppertal en een van de meest geliefde reisdoelen van Duitsland: de **Schewebahn**. In feite is deze monorail – ingewijd in 1900 door keizer Wilhelm II – een zweeftrein die aan rails hangt. Een spectaculair ongeval deed zich voor in 1950 toen de circusolifant Tuffi tijdens een promotieactie uit een wagon in de rivier de Wupper sprong. Als door een wonder bleef het dier ongedeerd.

Tout un cirque

C'est l'emblème de la ville de Wuppertal et l'un des moyens de locomotion préférés des Allemands : la **Schwebebahn**. Inaugurée en 1900 par l'Empereur Guillaume II, la Schwebebahn est un monorail aérien ou métro suspendu. Malgré plusieurs systèmes de sécurité, des incidents ont eu lieu dont le plus spectaculaire se produisit en 1950. Un cirque en tournée à Wuppertal y a fait voyager Tuffi, un éléphant qui, pris de panique, sauta dans la rivière Wupper. Comme par miracle, il en est ressorti indemne.

Bergisches Land

Das Tal überwunden

Auch wenn die Zeiten vorbei sind, in denen nostalgisch anmutende Züge mit Dampfloks diese Art von Brücken befuhren: Viadukte haben nichts von ihrem Reiz verloren. In Nordrhein-Westfalen befinden sich gleich mehrere imposante Bauwerke dieser Art: 107 Meter Höhe misst die stählerne **Müngstener Brücke** zwischen Wuppertal und Solingen – Deutschlands höchste Eisenbahnbrücke. Doch auch die steinernen Viadukte in Herdecke und Witten oder das 24 Gewölbebögen umfassende Altenbekener Viadukt von 1853 lohnen unbedingt eine Besichtigung.

Surmounting the valley

The good old days have long passed, when trains pulled by steam engines crossed these kinds of bridges, but viaducts have lost none of their charm. In Northrhine-Westphalia, there are several of these impressing monuments. At 107 metres height, the steel **Müngstener Brücke** bridge connecting Wuppertal and Solingen is the highest railway bridge in Germany. But the viaducts made of stone that stand in Herdecke and Witten or Altenbeken viaduct from 1853, which consists of 24 vaulted arches, are equally worth visiting.

Hoog boven het dal

Viaducten oefenen nog altijd een grote fascinatie uit op mensen, ook al zijn de tijden allang voorbij dat nostalgische treinen met stoomlocomotieven eroverheen reden. In Noordrijn-Westfalen treffen we niet één, maar zelfs meerdere van dit soort imposante bouwwerken aan. Dit is de stalen, 107 meter hoge **Müngstener Brücke** tussen Wuppertal en Solingen, de hoogste spoorwegbrug van Duitsland. Ook de stenen viaducten in Herdecke en Witten en het in 1853 gebouwde viaduct van Altenbeken met 24 gewelfbogen zijn een bezichtiging waard.

Liaisons montagnardes

Même si les viaducts ne sont plus parcourus par les trains à vapeur nostalgiques, ils n'ont rien perdu de leur charme. La Rhénanie-du-Nord-Westphalie compte plusieurs modèles imposants à son actif. Celui entre Wuppertal et Solingen, le **« Müngstener Brücke »**, est le plus haut pont ferroviaire d'Allemagne. Les viaducts en pierre de Herdecke et de Witten ou encore celui d'Altenbeck, édifié en 1853, sont de vrais accroche-regards.

Zu Gast bei den Grafen von Berg

Hoch über der Wupper thront die größte wiederhergestellte westdeutsche Burganlage: **Schloss Burg**. Zu Beginn des 12. Jahrhunderts ließ Graf Adolf II. von Berg über dem heutigen Solingen seine Burg bauen. Die Burganlage, die bis zum Dreißigjährigen Krieg ständig erweitert und modernisiert wurde, fiel 1632 den schwedischen Kanonen zum Opfer, wurde aber ab 1890 nach alten Bilder rekonstruiert. Heute kann man nicht nur die gesamte Burganlage besichtigen, man kann in Ahnengalerie, Kemenate und Rittersaal auch seine ganz privaten Feste feiern.

Visiting the counts of Berg

High above the Wupper river lies western Germany's largest reconstructed castle complex: **Schloss Burg**. In the early 12th century, Count Adolf II of Berg had his castle built above what today is part of the city of Solingen. The complex was continuously extended and modernized until the Thirty Years War. In 1632 it was bombarded by Swedish cannons, but in 1890 it was reconstructed true to original, using old illustrations. Today, you can not only visit the entire castle complex, but you can also hold private parties in the ancestral gallery, women's chambers or the knights' hall.

Te gast bij de graaf van Berg

Hoog boven de rivier de Wupper troont het grootste gerestaureerde kasteelcomplex van het westelijk deel van Duitsland: **Schloss Burg**. Begin twaalfde eeuw liet graaf Adolf II von Berg boven het huidige Solingen zijn kasteel optrekken. Het complex, dat tot aan de Dertigjarige Oorlog voortdurend werd uitgebreid en gemoderniseerd, maar in 1632 door Zweedse geschutvuur werd verwoest, werd vanaf 1890 gereconstrueerd op basis van oude afbeeldingen. Nu kan de bezoeker niet alleen het kasteel bezichtigen, maar er ook een privéfeestje vieren, bijvoorbeeld in de ridderzaal.

Un cadre chevaleresque

Edifié au début du XIIe siècle par le comte Adolf II von Berg près de l'actuelle ville de Solingen, le **Château Burg** est le plus grand château-fort ouest-allemand entièrement reconstruit. Modifié et modernisé en continu jusqu'à la Guerre de Trente Ans, il s'écroula sous les boulets de canon suédois en 1632, mais fut reconstruit dès 1890 sur la base d'images anciennes. Aujourd'hui, l'ensemble du château est accessible au public et, dans la galerie des ancêtres, la Kemenate et la salle d'armes forment un cadre idéal pour les festivités privées.

Auf Messers Schneide

Mit dem Zunftbrief, den Solingen 1401 für die „Bruderschaft der Härter und Schleifer" erhält, beginnt der Aufstieg der heute weltweit bekannten **Solinger Klingenindustrie**. Dem berühmtesten Handwerk der Stadt ist vielerorts ein Denkmal gesetzt worden: Dazu zählen das in einem barocken Klostergebäude untergebrachte Deutsche Klingenmuseum oder die Gesenkschmiede Hendrichs, aber auch die Solinger Kotten – Schleiferwerkstätten, in denen noch heute nach alter Tradition mittels Wasserkraft Klingen geschliffen werden.

On a razor's edge

The career of **Solingen** steel, known throughout the world for its blades, began in 1401, when the "brotherhood of annealers and grinders" was given the guild charter. There are numerous monuments throughout the city referring to the famous local craft, amongst others the German Blade Museum, located inside a Baroque monastery complex, the Gesenkschmiede Hendrichs blacksmith's shop or the Solinger Kotten – grinding workshops where even today blades are treated in the traditional way with water power.

Dubbeltje op zijn kant

Het verkrijgen van de gildebrief voor het 'Broederschap van harders en slijpers' in 1401 stond aan de wieg van de intussen wereldberoemde messenindustrie van **Solingen**. Het beroemdste ambacht van de stad is alomtegenwoordig, bijvoorbeeld in het Deutsche Klingenmuseum, dat in een barok kloostergebouw is gehuisvest, in de smederij Hendrichs en in de zogeheten Solinger Kotten, de slijperijen, waar ook nu nog op traditionele wijze, dus op met waterkracht aangedreven slijpstenen, messen worden geslepen.

Lames célèbres

La lettre de corporation reçue en 1401 par la ville de **Solingen** pour la « confrérie des trempeurs et des ponceurs », contribua essentiellement à l'essor de l'industrie du couteau de Solingen, renommée dans le monde entier. Les monuments édifiés en l'honneur de l'artisanat le plus notoire de Solingen n'y manquent pas. On y trouve le monastère baroque hébergeant le Deutsche Klingenmuseum ou encore l'atelier de matriçage Hendrichs, mais aussi les Solinger Kotten, ateliers de ponçage où les lames sont toujours travaillées selon les règles de l'art.

In die Geburtsstadt Röntgens

Dass der 1845 als Sohn eines Tuchfabrikanten in Lennep geborene Wilhelm Conrad Röntgen einst die Medizin revolutionieren würde, war den damaligen Bewohnern der Stadt sicherlich nicht bewusst. Heute gehört, seinen berühmten Sohn u.a. mit dem **Deutschen Röntgen-Museum**. Es ist in einem der zahlreichen pittoresken Fachwerkhäuser untergebracht, die Lennep zu einem der reizvollsten Ziele des Bergischen Landes machen.

Where X-rays were born

No doubt, there was no knowing for the inhabitants of tranquil **Lennep** that one day Wilhelm Conrad Röntgen, born here in 1845 as the son of a fabric merchant, would revolutionise the medical world. Today Lennep, which has been made a part of Remscheid, honours its famous son with the Deutsche Röntgen-Museum. It is housed in one of the numerous enchanting half-timbered houses that have made Lennep one of the most delightful destinations for an outing in the region of the Bergische Land.

In de geboorteplaats van Röntgen

Dat de in 1845 als zoon van een lakenfabrikant in **Lennep** geboren Wilhelm Conrad Röntgen op een dag de geneeskunde totaal zou veranderen, konden de toenmalige bewoners van deze stad niet vermoeden. Tegenwoordig eert Lennep, dat inmiddels bij Remscheidt hoort, 'zijn' beroemde zoon onder meer met het Deutsches Röntgen-Museum. Het is ondergebracht in van de vele pittoreske vakwerkhuizen die Lennep tot een van de aantrekkelijkste reisdoelen van het Bergisches Land maakt.

Fascination des rayons X

Personne à **Lennep** n'aurait jadis songé que Wilhelm Conrad Röntgen, fils de drapier, né en 1845 à Lennep, révolutionnerait un jour le monde de la médecine. Aujourd'hui, l'amateur des rayons X peut visiter le Deutsches Röntgen-Museum de la ville de Lennep – désormais intégrée à Remscheid – édifié en l'honneur de son fils célèbre. Le musée est logé dans l'une des pittoresques maisons à colombages qui font de Lennep l'une des destinations les plus prisées du Bergisches Land.

Der Natur Raum gegeben

Über eine halbe Millionen Besucher waren zu verbuchen, als **Leverkusen** im Jahre 2005 zum Austragungsort der **Landesgartenschau** wurde. Bereits ein Jahr später präsentierte die Stadt den umgestalteten „Neuland-Park", ein 25 Hektar großes Naherholungsgebiet, das zugleich eine Brücke zwischen Rhein und Innenstadt schlägt. Viele Themengärten sind erhalten geblieben, einzelne Areale regen zu neuen Wahrnehmungsformen an und für Kinder stehen mehrere Spielplätze zum Austoben bereit.

Space for nature

In 2005, **Leverkusen** hosted the federal horticultural show and more than half a million visitors came. One year later, the city inaugurated the restructured **Neuland Park**, a 25-hectares recreational area that also functions as a bridge between Rhine and inner city. Many theme gardens of the show have been preserved: some areas are specifically designed to explore new ways of perception and there are several playgrounds for the children to run riot.

De natuur de ruimte bieden

Ruim een half miljoen bezoekers konden in 2005 na afloop van de Landesgartenschau in **Leverkusen** worden genoteerd. Slechts een jaar later presenteerde de stad het deels omgebouwde **'Neuland-Park'**, een 25 hectare groot recreatiegebied dat tegelijkertijd de groene verbinding vormt tussen de Rijn en het oude stadscentrum. Tal van thematuinen zijn bewaard gebleven, sommige arealen zoals de 'Bumerang', het kerngebied van het park, zijn nieuw en voor kinderen zijn er tal van speelplaatsen.

Place à la nature

La ville de **Leverkusen** attira plus d'un demi-million de visiteurs en 2005, à l'occasion de la Landesgartenschau, exposition florale et horticole. Un an plus tard, la ville inaugura un lieu de détente de proximité de 25 hectares, le « **Neuland-Park** », qui relie le Rhin et le centre-ville. Nombre de jardins à thèmes sont conservés, et diverses aires de repos invitent les visiteurs à se ressourcer et les enfants à s'amuser sur les terrains de jeu.

Dom im Tal der Dhünn

Knapp 16000 Einwohner zählt die Gemeinde Odenthal. Diese Zahl wird alljährlich um ein Vielfaches von Touristen übertroffen, die den Ortsteil Altenberg mit dem berühmten **Altenberger Dom** besuchen. Bereits 1133 begann man mit dem Bau eines Klosters für Zisterziensermönche, 1259 folgte die Grundsteinlegung des im gotischen Stil gebauten Doms. Aufwändig restauriert, erstrahlt das kostbare Westfenster heute in neuem Glanz, und auch die generalüberholte Klais-Orgel mit annähernd 6500 Pfeifen erfüllt das Gotteshaus mit einem nie da gewesenen Klang.

The cathedral of Dhünn Valley

The borough of Odenthal has approximately 16,000 inhabitants, a number that is exceeded many times every year when tourists flock to Altenberg to visit the famous **Altenberg cathedral**. Construction of a monastery for Cistercian monks was begun in as early as 1133; 1259 saw the laying of the foundation stone of the cathedral, built in the Gothic style. The precious west window has been lavishly restored to its full radiance and the Klais organ with nearly 6500 pipes has also been thoroughly reconditioned, filling the church with its amazing sound.

De dom in het dal van de Dhünn

De gemeente Odenthal telt nog geen 16.000 inwoners. Dit aantal wordt echter jaarlijks door een veelvoud van toeristen overtroffen die de deelgemeente Altenberg en zijn beroemde **dom** komen bezoeken. Al in 1133 werd begonnen met de bouw van een klooster voor cisterciënzermonniken. In 1259 legde men de eerste steen voor de in gotische stijl gebouwde dom. Na een uitgebreide restauratie heeft het kostbare westvenster weer de glans van weleer, en ook het Klais-orgel met zijn circa 6500 pijpen vult de kerk met een geheel nieuw geluid.

Cathédrale dans la vallée de la Dhünn

Chaque année, la municipalité d'Odenthal, 16 000 habitants, accueille un nombre non négligeable de touristes venus visiter le quartier **Altenberg** avec sa célèbre **Cathédrale évangélique**. Déjà en 1133, les travaux de construction d'un monastère dédié aux moines cisterciens furent mis en oeuvre, suivis, en 1259, de la pose de la première pierre de la cathédrale de style gothique. Aujourd'hui, le précieux vitrail occidental resplendit à nouveau dans toute sa splendeur et, l'orgue Klais entièrement révisé, avec près de 6 500 tuyaux, prodigue des sons mélodieux.

Bergisches Land

Grenzenlose Vielfalt

2000 Quadratkilometer Fläche und 3000 Kilometer markiertes Wegenetz: Ein Areal derartiger Ausmaße verspricht nahezu unerschöpfliche Erkundungsmöglichkeiten. Und die bietet der **Naturpark Bergisches Land** in der Tat: Schlösser und Burgen, Kirchen und Klöster wechseln sich mit scheinbar unberührten Refugien seltener Tier- und Pflanzenarten ab. Talsperren durchziehen die Landschaft, Moor- und Heidegebiete lösen dichte Wälder ab. Und zahlreiche malerische Ortschaften sorgen aufs Köstlichste für das leibliche Wohl.

Unlimited variety

An area of 2000 square kilometres plus 3000 kilometres of marked-out paths – grounds with such dimensions promise unlimited possibilities of exploring the land. And the variety offered by **Naturpark Bergisches Land** is in fact infinite: palaces and castles, churches and monasteries take turns with seemingly untouched refuges where rare animals and plants thrive. The countryside is characterised by river dams, marshes and moors, alternating with dense forests. The numerous picturesque villages offer delicious food for creature comforts.

Ongekende diversiteit

Ruim 2000 vierkante kilometer groot en wandelpaden met een totale lengte van 3000 kilometer – een gebied van dergelijke afmetingen lijkt schier eindeloze ontdekkingsmogelijkheden in petto te hebben. En die biedt het **natuurpark Bergisches Land** inderdaad: kastelen, burchten, kerken, kloosters en schijnbaar ongerepte toevluchtsoorden van zeldzame dier- en plantensoorten wisselen zich af, tal van stuwmeren doorsnijden het landschap, waar verder moeras- en heidegebieden en dichte bossen het beeld bepalen. En in de talrijke schilderachtige dorpen wordt op heerlijke wijze voor de inwendige mens gezorgd.

Diversité quasi illimitée

Étendu sur 2 000 km^2 et avec ses 3 000 km de réseaux de sentiers, le **parc naturel Bergisches Land** se prête à une diversité quasi illimitée d'activités de plein air. En effet, le parc est un espace vert où se côtoient palais et châteaux, églises et monastères, sans parler des nombreux refuges quasi intacts réservés aux espèces animales et végétales rares. Les paysages alternent entre barrages de vallées, marais, landes et forêts denses. Après la visite de tant de merveilles, de nombreux villages pittoresques apaiseront un appétit petit ou grand !

Ein Schloss und viele Bürgerhäuser

Lang, lang zurück reicht die Geschichte der oberbergischen Stadt **Hückeswagen**. Im 11. Jahrhundert erbauten die Grafen von Hückeswagen oberhalb der einst sumpfigen Niederungen der Wupper eine Hofanlage. 1189 wird dann erstmals das noch heute erhaltene Schloss Hückeswagen bezeugt, zu dessen Füßen sich wunderschöne schiefergedeckte Fachwerkhäuser aneinanderschmiegen, die auch Zeugnis ablegen von der Blütezeit der einstigen Tuchmacherstadt.

One castle and many town houses

The history of **Hückeswagen** in the Oberbergische region reaches back very far. In the 11th century, the counts of Hückeswagen constructed a castle complex above the former swamp plains of the Wupper River. Hückeswagen castle, which has remained intact, was first mentioned in 1189. At its feet, beautiful slate-roof half-timbered houses huddle together, a living testimony to the heyday of this former cloth-makers' town.

Een kasteel met veel herenhuizen

De geschiedenis van de stad **Hückeswagen** in het Oberbergisches Land gaat terug tot in de elfde eeuw. In die tijd bouwden de graven van Hückeswagen een slot op de hoger gelegen delen van de eens drassige gronden langs de rivier de Wupper. In 1189 werd dit nog altijd intacte Schloss Hückeswagen, waarvan aan de voet prachtige, met leisteen bedekte vakwerkhuizen staan, voor het eerst vermeld. Ook zij getuigen van de bloeitijd van deze voormalige lakenstad.

Un château entouré de maisons bourgeoises

L'histoire de la ville de l'Oberberg, **Hückeswagen**, remonte à bien longtemps. Au XIe siècle, les comtes de Hückeswagen édifièrent une grande bâtisse sur les bas-fonds marécageux de la Wupper. Le château, évoqué pour la première fois en 1189, est bordé de manifiques maisons à colombages aux toits d'ardoise, témoignant de l'essor de cette ancienne ville de drapiers.

Bergisches Land

Kurort im Oberbergischen

Dicke Mauern umgeben **Schloss Homburg**, das im 13. Jahrhundert als frühmittelalterliche Höhenburg errichtet wurde und heute Sitz des Oberbergischen Heimatmuseums ist. Doch dies ist bei weitem nicht die einzige Sehenswürdigkeit, die Nümbrecht zu bieten hat. Bestens erhaltene Fachwerkhäuser sind hier ebenso zu finden wie Benroth – ein „ökologisches Dorf der Zukunft". Und wer Marienberghausen besucht, das Engelberth Humperdinck zu seiner Märchenoper „Hänsel und Gretel" inspirierte, weiß, warum das Dorf zweifacher Sieger des Bundeswettbewerbs „Unser Dorf soll schöner werden" ist.

Spa in Oberbergisches Land

Schloss Homburg, erected in the 13th century as an early medieval mountain castle and girdled by thick walls, today is the site of the Oberbergische museum of local history. But this is by far not the only sight worth seeing in **Nümbrecht**. There are lovingly preserved half-timbered houses as well as Benroth – an "organic village of the future", or Marienberghausen, which inspired Engelbert Humperdinck to write his opera "Hansel and Gretel" and twice won the state competition for "Let's Make Our Village Beautiful".

Midden in het Oberbergisches Land

Het door dikke muren omgeven **Schloss Homburg** werd in de dertiende eeuw gebouwd als vroegmiddeleeuwse hoogteburcht en herbergt nu een museum. Maar dit is niet de enige bezienswaardigheid die het plaatsje **Nümbrecht** heeft te bieden. Hier bevinden zich naast enkele uitstekend bewaard gebleven vakwerkhuizen ook het ecologische modeldorp Benroth. En wie Marienberghausen bezoekt, dat Engelbert Humperdinck inspireerde tot zijn sprookjesopera 'Hans en Grietje', weet waarom dit dorp twee keer als winnaar van de nationale wedstrijd 'Ons dorp moet mooier worden' uit de bus kwam.

Lieu de cure montagnarde

D'épaisses murailles entourent le **château Homburg à Nümbrecht** qui héberge le musée local de la région de l'Oberberg. Nümbrecht, outre son château, se distingue par ses maisons à colombages bien conservées ainsi que par son « écovillage du futur », Benroth, situé à 5 km de cette petite ville. Et, en visitant Marienberghausen, village ayant remporté à deux reprises le concours fédéral « Unser Dorf soll schöner werden » (rendons notre village plus beau), on comprend aisément pourquoi ce dernier inspira Engelberth Humperdinck, auteur de l'opéra « Hänsel & Gretel ».

Bergische Gastlichkeit

Rosinenstuten und mehrere Brotsorten, Waffeln und Milchreis, Honig und Rübenkraut, Wurst und Schinken – das sind einige der Bestandteile einer **Bergischen Kaffeetafel**. Der dazugehörige Kaffee wurde traditionell in der „Dröppelminna" serviert, einer Zinnkanne mit drei Füßen. Am besten schmeckt diese kulinarische Spezialität in einem der zahlreichen bergischen Gasthäuser, die nicht selten in wunderschönen alten Fachwerkhäusern untergebracht sind.

Bergisch hospitality

Sweet white bread with currants and other types of bread, wafers and rice pudding, honey and syrup, sausage and ham – these are some of the components of a typical **Bergische Kaffeetafel**. The coffee, another essential part, was traditionally served in a pewter pot with three feet, called "Dröppelminna". This culinary speciality tastes best in one of the numerous pubs and inns of the Bergische Land region, ideally located in a charming old half-timbered house.

Gastvrijheid in het Bergisches Land

Krentenbrood en andere broodsoorten, wafels en rijstepap, honing en suikerstroop, worst en ham – dat zijn enkele van de bestanddelen van een **koffietafel in het Bergisches Land**. De bijbehorende koffie werd traditioneel in een zogeheten dröppelminna geserveerd, een tinnen kan met drie voetjes. Deze culinaire specialiteit smaakt het best in een van de talrijke restaurants van het Bergisches Land, die niet zelden in prachtige oude vakwerkhuizen zijn gehuisvest.

Convivialité façon « Bergisches Land »

Les Rosinenstuten (pains au raisin), diverses sortes de pains, gaufres, riz au lait, miel et sirop de sucre de betterave, charcuterie et jambon ne sont que quelques spécialités garnissant la **Bergische Kaffeetafel**, un riche goûter traditionnel du Pays de Berg. Le café est servi, selon la tradition, dans le « Dröppelminna », un pot d'étain à trois pieds. La Bergische Kaffeetafel se déguste dans l'une des nombreuses auberges du pays de Berg dont la plupart sont intégrées dans les jolies maisons à colombages typiques de la région.

Gaumenfreuden

Nordrhein-Westfalens **kulinarische Hochburg** heißt **Bergisch Gladbach**. Denn mit Dieter Müller und Joachim Wissler haben sich gleich zwei 3-Sterne-Köche in der Kreisstadt am Fuße des Bergischen Landes niedergelassen. Was sie auf den Tisch bzw. auf die Zungen bringen, verzaubert Gäste und Restaurantkritiker seit Jahren gleichermaßen. Dass diese Gaumenfreuden dann auch noch in einem angemessenen Ambiente serviert werden, perfektioniert das kulinarische Erlebnis: Dieter Müller kocht im Schloss Lerbach, Joachim Wissler in dem nur wenige Kilometer entfernten Barockschloss von Bensberg.

Bonne bouche

The **culinary stronghold** of Northrhine-Westphalia lies in **Bergisch Gladbach**. Dieter Müller and Joachim Wissler are two chefs awarded three stars, and both of them have settled in this county town of the Bergische Land region. Customers and critics alike are regularly enchanted by the delicious dishes prepared by these two chefs, and to top it all, the food is served in an ambience that brings the culinary experience to perfection: Dieter Müller cooks in Schloss Lerbach, Joachim Wissler in the Baroque palace of Bensberg, only a few kilometres away.

Tafelgeneugten

Bergisch-Gladbach is het **culinaire mekka** van Noordrijn-Westfalen. In de personen van Dieter Müller en Joachim Wissler heeft de hoofdstad van deze regio aan de voet van het Bergisches Land meteen twee driesterrenkoks in zijn midden. Deze topgastronomen betoveren al jaren zowel de gasten als de restaurantcritici in gelijke mate. Tel daarbij dat deze tafelgeneugten in een overeenkomstig chique ambiance worden geserveerd, en je hebt een perfecte culinaire belevenis. Dieter Müller kookt in Schloss Lerbach, Joachim Wissler in het op steenworp afstand gelegen barokke Schloss Bensberg.

Plaisirs gourmands

La **capitale culinaire** de la Rhénanie-du-Nord-Westphalie se prénomme **Bergisch Gladbach**. En effet, avec Dieter Müller et Joachim Wissler, ce chef-lieu au pied du Bergisches Land compte d'un coup à son actif deux cuisiniers trois étoiles. Depuis quelques années, leur table met l'eau à la bouche aux convives comme aux critiques culinaires. Et, le cadre féérique de ces plaisirs gourmands rend inoubliable cette aventure culinaire. Dieter Müller crée ses chef-d'oeuvres au Château Lerbach et Joachim Wissler fait le bonheur des convives dans le château baroque de Bensberg, quelques kilomètres plus loin.

Eine Stadt wie ein Gemälde

Aus der Luft betrachtet wirkt die **Altstadt von Freudenberg** wie eine Filmkulisse. Großzügige Fachwerkhäuser, die nach dem verheerenden Großbrand von 1666 erbaut wurden, stehen in Reih und Glied; den Abschluss bildet die ebenfalls im 17. Jahrhundert errichtete evangelische Kirche, geschützt durch eine dicht bewaldete Anhöhe. Und dann gibt es noch die Freilichtbühne Freudenberg, die mit ihrem vor allem auf Kinder abgestimmten Programm jeden Sommer tausende Besucher anlockt.

A city like a stage set

When seen from the air, the old town of **Freudenberg** looks like a stage set for a film. Large half-timbered houses, built after a devastating fire in 1666, stand one next to the other, leading up to the Protestant church which was also erected in the 17th century and is protected by a hill overgrown with dense woodland. And then there is Freudenberg's open air theatre, drawing thousands of visitors each summer with its programme that is especially focused on children.

Een plaatje van een stad

Van boven gezien doet het oude centrum van **Freudenberg** denken aan een filmdecor. Riante vakwerkhuizen die na de rampzalige stadsbrand van 1666 werden gebouwd, staan er keurig naast elkaar, en anders dan elders treffen we de eveneens zeventiendeeeuwse evangelische kerk hier niet in het centrum aan, maar in de luwte van een dichtbeboste heuvel. En dan is er nog de Freilichtbühne, het openluchttheater dat met zijn vooral op kinderen gerichte programma elke zomer duizenden bezoekers trekt.

Tableau charmant

Vue de haut, la vieille-ville de **Freudenberg** est telle une coulisse féérique. Les larges maisons à colombages, édifiées après un grand incendie en 1666, se blottissent les unes contre les autres. Le charmant tableau est complété par l'église protestante également construite au XVIIe siècle et protégée par une butte densément boisée. Chaque été, le Freilichtbühne (théâtre de plein air) attire des amateurs de culture de tout âge.

Siegerland-Wittgenstein

Kneippen in reizmildem Klima

Seit dem 13. Jh. gaben sich die Grafen zu Sayn-Wittgenstein in dem Städtchen **Bad Berleburg** nahe der hessischen Grenze die Ehre; errichteten das barocke Stadtschloss – in dem alljährlich die Internationalen Musikfestwochen stattfinden – und prägten bis in 19. Jahrhundert hinein das Leben in der Stadt. Heute aber ist eher die Gesundheit in den Mauern der Stadt gefragt: Als zweitgrößter Kneipp-Kurort Deutschlands hat sich die Stadt längst einen Namen gemacht. Aber vor allem Lungenkranken schafft das milde Reizklima Erleichterung.

Kneipp cure in a mild climate

Since the 13th century the counts of Sayn-Wittgenstein have resided in the small town **Bad Berleburg** near the border to Hesse. They built the Baroque city palace, where each year an international music festival is held, and influenced everyday life in this town far into the 19th century. But today, health is the big stimulus of the town, which is renowned as the second largest Kneipp cure spa in Germany. The mild bracing climate is especially soothing for people suffering lung diseases.

Kneippkuren in een mild klimaat

Al sinds de dertiende eeuw vertoeven de graven uit het geslacht Zu Sayn-Wittgenstein in het stadje **Bad Berleburg**, nabij de grens met Hessen. Ze bouwden hier het barokke stadslot – waar elk jaar weer de internationale muziekweken plaatsvinden – en drukten het leven in en om deze plaats tot ver in de negentiende eeuw hun stempel op. Tegenwoordig draait in Bad Berleburg alles om het thema gezondheid. De plaats staat bekend als het op een na grootste kneippkuuroord van Duitsland. Vooral mensen met longaandoeningen vinden verlichting in de gezonde lucht.

Cures réputées

Depuis le XIIIe siècle, la petite ville de **Bad Berleburg** à la frontière hessoise, servait de lieu de rencontres organisées par les comtes de Sayn-Wittgenstein qui y édifièrent un château de ville baroque. Jusqu'au XIXe siècle, Bad Berleburg accueillit chaque année les semaines musicales internationales. Aujourd'hui, c'est la santé qui est au premier plan. Dotée d'une grande station de cure Kneipp, classée au 2e rang en Allemagne, la ville jouit d'une renommée certaine. L'air y est particulièrement bienfaiteur pour les maladies pulmonaires.

Em hellig Kölle

Noch heute wird die rheinische Metropole gern **heiliges Köln** genannt. Gemeint waren damit seit dem Mittelalter die zwölf kostbar ausgestatteten romanischen Kirchen in Köln. Die in ihnen verborgenen Reliquienschätze brachten eine ausgeprägte Wallfahrts- und Pilgertradition mit sich, der Köln seine weltliche wie geistliche Macht verdankte. Die Gotteshäuser wurden im Zweiten Weltkrieg stark beschädigt, doch konnten die wichtigsten Kirchenschätze gerettet werden.

Em hellig Kölle

Even today, this metropolis on the Rhine is called "holy Cologne". Since the Middle Ages, this term referred to the twelve exquisitely furnished **Romanesque Churches** in Cologne. The reliquary treasures they hold ensued a tradition of pilgrimages which brought Cologne its powerful position, both worldly and spiritually. The churches were severely damaged during the Second World War, but the most important treasuries of Church were saved.

Het heilige Keulen

Ook nu nog wordt de metropool aan de Rijn vaak 'het heilige Keulen' genoemd. Hiermee wordt al sinds de middeleeuwen gedoeld op de twaalf **romaanse kerken van Keulen** met al hun kostbare schatten. Deze relikwieën brachten een bedevaartstraditie teweeg, die ook vandaag nog voortduurt en waaraan Keulen zowel zijn profane als kerkelijke macht dankt. Hoewel de Keulse kerken in de Tweede Wereldoorlog zware schade opliepen, zijn de belangrijkste schatten bewaard gebleven.

Cologne, la Sainte

Aujourd'hui encore, la métropole rhénane est affectueusement prénommée « Sainte Cologne ». La ville de Cologne doit cette appellation à ses douze **églises romanes** richement décorées, édifiées à partir du Moyen-Âge. Leurs trésors de reliques ont contribué à une grande tradition de pélerinage et de pélerins, auxquels Cologne devait son pouvoir religieux et laïc. Les maisons de Dieu ont été fortement endommagées durant la Seconde Guerre mondiale, mais les trésors d'églises les plus notoires ont pu être conservés.

Gotik in Vollendung

Er ist nicht nur das Wahrzeichen Kölns, er gilt auch als die harmonischste und schönste gotische Kathedrale der Christenheit, in der die Stilmittel der Epoche in ihrer Vollendung verwirklicht wurden: der **Kölner Dom**, offiziell die Hohe Domkirche St. Peter und Maria. Dass der 1248 begonnene Bau erst 1880 vollendet wurde, ist dabei nicht wirklich von Bedeutung, wurde er doch nach den ursprünglichen Bauplänen fertiggestellt. Zentrum des Doms ist der kostbare Schrein mit den Gebeinen der Heiligen Drei Könige, zu deren Verehrung die Kirche einst erbaut wurde.

Gothic perfection

Not only is it the landmark of Cologne, the **dome** is also held to be the most harmonious and beautiful Gothic cathedral of all Christendom. Here, the style of Gothic architecture was brought to perfection. Officially titled High Church St. Peter and Mary, the structure was begun in 1248 and only completed in 1880. However, throughout the building period, the original building plans were strictly adhered to. The core of the dome is the precious shrine with the remains of the Three Magi, in honour of whom the church was initially built.

Puur gotisch

Hij is niet alleen hét symbool van Keulen, maar tevens de meest harmonische en fraaiste kathedraal van het hele Avondland: de **dom van Keulen**. In deze kerk, die officieel 'Hohe Domkirche St. Peter und Maria' heet, is de gotische stijl tot in de perfectie gerealiseerd. Dat de in 1248 begonnen bouw pas in 1880 werd voltooid, is niet echt van belang. Belangrijk is wel dat door de eeuwen heen niet werd afgeweken van de oorspronkelijke bouwplannen. De schrijn met de stoffelijke overschotten van de Drie Koningen, ter ere van wie de kerk werd gebouwd, is ongetwijfeld de kostbaarste schat.

Travaux sur plusieurs siècles

Elle est l'emblème de Cologne, la cathédrale gothique la plus harmonieuse et la plus belle de la chrétienté. La **Cathédrale de Cologne**, de nom officiel «Haute Eglise St Pierre et Ste Marie» arbore tous les éléments du style de l'époque gothique. Le fait que plusieurs siècles se soient écoulés entre la pose de la première pierre en 1248 et l'achèvement des travaux en 1880 n'intéresse pas, ce qui importe, c'est que la cathédrale ait été édifiée selon les plans de construction originaux. Au coeur de la Cathédrale sont conservées les précieuses reliques des rois mages. C'est en leur honneur que l'église fut jadis bâtie.

Für jeden etwas

Ob christliche Kunst in Kolumba, Kakaobäume und Schokoladenmaschinen im Schokomuseum, Picassos im Museum Ludwig oder hawaiianische Herrschermäntel im Rautenstrauch-Joest-Museum: Über 20 **Museen** bieten **in Köln** Abwechslung für alle kulturell Interessierten. Ein besonders ehrgeiziges Projekt wird dieses Angebot in Zukunft erweitern: Die Archäologische Zone wird das römische, mittelalterliche und speziell mittelalterlich-jüdische Köln in einem einzigartigen unterirdischen Museum zeigen.

Something for everyone

Be it Christian art in Kolumba, cocoa trees and chocolate manufacturing tools in the chocolate museum, Picasso in the Museum Ludwig or Hawaiian rulers' cloaks in the Rautenstrauch-Joest-Museum: with more than 20 **Museums, Cologne** offers plenty of diversion and cultural attractions. A highly ambitious project is planned for the future: the Archaeological Zone is to be a unique underground museum dedicated to life in Cologne in Roman and Medieval times, with a focus on Jewish life in the Middle Ages.

Voor elk wat wils

Christelijke kunst valt te zien in Kolumba, cacaobomen en chocolademachines in het Schokoladenmuseum, Picasso's in het Museum Ludwig en koningsmantels uit Hawaï in het Rautenstrauch-Joest-Museum. De meer dan 20 **musea in Keulen** bieden een gevarieerd programma voor cultuurliefhebbers. Dit aanbod zal binnenkort worden uitgebreid met een heel bijzonder en ambitieus project. In de zogeheten 'Archäologische Zone', een uniek onderaards museum, zal het Romeinse, middeleeuwse en vooral het joodse Keulen van die tijd te zien zijn.

Il y en a pour tous les goûts

Art chrétien au musée Kolumba, cacaoyers et machines de production de chocolat au Musée du chocolat, oeuvres de Picasso au Musée Ludwig ou encore « manteaux de souverains hawaïens » au Rautenstrauch-Joest-Museum. Dans plus de 20 **musées de Cologne**, l'amateur de culture en aura pour son compte. Un projet particulièrement ambitieux complètera cette offre dans les années à venir : l'Archäologische Zone (zone archéologique) présentera le passé romain, médiéval et en particulier, la vie juive au Moyen-Âge, dans un musée souterrain exceptionnel.

Köln und Rhein-Erft-Kreis

Bötchenprozession

Der Legende nach stahl ein Dieb aus der Schiffer-Kirche St. Clemens in Köln-Mülheim die goldene Monstranz, in deren Mitte die geweihte Hostie lag. Als er damit über den Rhein flüchten wollte, blieb das Boot in der Mitte des Flusses stehen und die Kölner Bürger konnten ihren Kirchenschatz in einer feierlichen Prozession zurückholen. Seitdem findet die alljährliche feierliche Fronleichnamsprozession **Mülheimer Gottestracht** von St. Clemens auf dem Rhein statt – in prächtig geschmückten Schiffen.

A procession of boats

Legend has it that a thief stole the golden monstrance of the sailors' church St Clemens in Cologne-Mülheim. Inside it, the consecrated host was kept. He tried to flee across the Rhine with his booty, but the boat got stuck in the middle of the river so that the citizens of Cologne were able to regain their church treasure with a festive procession. Since that day, every year the **Corpus Christi Procession of St Clemens** takes place on the Rhine, a celebration with beautifully decorated boats.

Processie te water

Volgens de legende stal een dief de gouden monstrans, met in het midden de gewijde hostie, uit de schipperskerk St. Clemens in Keulen-Mülheim. Toen hij ermee over de Rijn wilde vluchten, bleef hij met zijn boot midden op de rivier steken en konden de Keulenaren hun relikwie terughalen. Dit deden ze in een feestelijke processie. Sindsdien vindt het feestelijke **Sacramentsfeest van St. Clemens** jaarlijks **op de Rijn** plaats – met schitterend versierde schepen.

Fête-Dieu sur le Rhin

Selon la légende, un voleur s'empara de l'hostensoir en or de l'église Saint Clément de Mülheim, quartier de Cologne. Dans sa fuite vers l'autre côté du Rhin, sa barque resta bloquée au milieu du fleuve et les citoyens de Cologne récupérèrent leur trésor religieux à l'occasion d'une procession solennelle. Depuis cet évènement, la **procession de la Fête-Dieu de St. Clemens sur le Rhin** se déroule sur des bateaux richement décorés.

Eine Stadt steht Kopf

Wenn andernorts singende Kinder mit Laternen durch die Straßen ziehen und dem Heiligen Martin huldigen, ziehen in Köln Tausende von Menschen auf den Alter Markt, um die so genannte „Fünfte Jahreszeit" zu einzuläuten: **Karneval**. Bis zum Aschermittwoch werden nun in Kneipen und Sälen Karnevalssitzungen abgehalten, die neuesten Hits geprobt oder einfach gefeiert. Seinen Höhepunkt erreicht der Karneval aber zwischen Weiberfastnacht und Veilchendienstag; dann ist die gesamte Stadt auf den Beinen und singt und schunkelt.

Topsy turvy town

While in other cities children are walking through the streets with their lanterns singing songs to celebrate St Martin, in Cologne thousands of people head for the Alter Markt square to welcome the so-called "fifth season": **Carnival**. From then until Ash Wednesday carnival sessions are held in bars and halls, the latest hits are rehearsed and there is lots of celebrating. But the climax of Rhenish Carnival is reached between Shrove Tuesday and the Thursday before, when the entire populace is out and about, dressed up, singing and dancing in the streets.

Stad op stelten

Als elders in Duitsland zingende kinderen met lantaarns door de straten lopen om de heilige Sint-Maarten te eren, trekken in Keulen duizenden mensen naar de Alter Markt om het **carnaval**, het zogenaamde 'vijfde seizoen', in te luiden. Tot aan Aswoensdag vinden er tal van carnavalsevenementen plaats in kroegen en zalen, worden de nieuwste hits gerepeteerd of wordt er gewoon gezellig gevierd. Het hoogtepunt bereikt carnaval in de dagen tussen de donderdag voor Aswoensdag en carnavalsdinsdag. Dan is de hele stad op de been en wordt tot vroeg in de morgen gezongen en gevierd.

La cinquième saison

Si de part et d'autre en Allemagne, on rencontre des enfants parcourant les rues avec leurs lanternes en chantant, c'est la fête de la Saint-Martin. Si, à Cologne, la place du marché, l'Alter Markt, se remplit de plusieurs milliers de personnes, c'est le début de Carnaval, ou encore, de la cinquième saison. Du 11/11 à 11h11 au Mercredi des cendres, d'innombrables séances de carnaval se succèderont dans les bistros et les salles, où, dans une ambiance très décontractée, on chante et on danse tout en savourant de la bière Kölsch. Entre le jeudi précédant le Mercredi des cendres et le Mardi gras, les festivités battent leur plein dans toute la région.

Prunk, wohin das Auge reicht

Unvergleichbar ist es, das berühmte Treppenhaus in **Schloss Brühl** heraufzuschreiten. Kunstvoller Stuckmarmor, weit kostbarer als echter Marmor, dazu Gold und prächtige allegorische Deckengemälden: Hier wird die Herrlichkeit des Bauherrn, Kölner Erzbischof und Kurfürst Clemens August aus dem Hause Wittelsbach, gefeiert. Einst konnte man dieses Meisterwerk des Rokoko, entworfen von Baltasar Neumann, direkt aus der einfahrenden Kutsche begehen – heute startet hier die Führung durch den kurfürstliche Palast.

Pomp as far as the eye can see

There is nothing like treading up the famous staircase of **Brühl Palace**. Elaborate stucco marble, much more precious than real marble, plus gold and magnificent allegorical paintings on the ceilings – this is a celebration of its grand builder, the Archbishop of Cologne, Prince Elector Clemens August of the line of Wittelsbach. Once, this Rococo masterpiece could be entered directly from the chaise and four driving in, but today this is the meeting point for guided tours of the Prince Elector's palace.

Pracht en praal zover het oog reikt

De beroemde trap van **Schloss Brühl** beklimmen is een bijzondere belevenis. Door het stijlvolle stucmarmer dat duidelijk hoogwaardiger is dan echte marmer, het goud en de schitterende allegorische plafondschilderingen wordt de luister van de toenmalige eigenaar, de Keulse aartsbisschop en keurvorst Clemens August uit het geslacht Wittelsbach, zichtbaar. Ooit kon men dit door Baltasar Neumann ontworpen meesterwerk in rococostijl direct binnenrijden met de koets – tegenwoordig begint hier de rondleiding door het keurvorstelijk paleis.

Du luxe à n'en plus finir

En gravissant les marches du célèbre escalier du **Château de Brühl**, on ne reste pas de marbre. L'escalier, pour sa part, se compose de cette matière et plus précisément, de faux marbre ouvré, bien plus précieux que le vrai. À cela s'ajoutent le métal précieux par excellence, l'or, ainsi que de somptueuses fresques de plafond allégoriques. Ce lieu célèbre la majesté du maître d'oeuvre, l'archevêque colonais et prince électeur Clément Auguste de Wittelsbach. Jadis, ce chef-d'oeuvre du Rococo, conçu par Baltasar Neumann, était accessible directement depuis le carrosse. Aujourd'hui, c'est ici le point de départ des visites guidées à travers le palais.

Abwechslung pur

Langeweile kommt im **Naturpark Kottenforst-Ville** niemals auf. Denn ob man nun durch Wälder, über bucklige Vulkanlandschaften, entlang von Flüssen und Flussauen oder durch die Ebenen der Börde streift, ob man in idyllischen Städtchen halt macht, Museen, Schlösser, Kirchen und Klöster besucht oder eine steife Brise beim Segeln oder auf dem Rücken eines Pferdes genießt: Der Naturpark hat für wirklich jeden Geschmack einiges zu bieten.

Pure diversion

Boredom does not appear in the vocabulary of **Naturpark Kottenforst-Ville**. For whether you roam the woods and hilly volcanic landscapes; stroll past rivers and flood plains or cross the plains of the Börde; stop over in idyllic villages; visit museums, castles, churches or monasteries; enjoy a spanking breeze while sailing or horseback riding – this nature reserve really has something to offer for every individual taste.

Voor de afwisseling

In het **natuurpark Kottenforst-Ville** zult u zich niet snel vervelen. U kunt er zwerven door bossen en golvende vulkaanlandschappen, wandelen langs rivieren en door uiterwaarden en uitkijken over vruchtbare vlaktes. Ook een tussenstop in een van de idyllische dorpen of een bezoek brengen aan een van de musea, kastelen, kerken of kloosters mag u niet overslaan. Zelfs een zeiltocht met een stevige bries in uw rug en een rit hoog te paard behoren tot de mogelijkheden! Kortom: hier is voor elk wat wils.

Distractions pittoresques

Dans le **Parc naturel Kottenforst-Ville**, jamais l'ennui ne s'installe, ni dans les forêts, les paysages volcaniques ondulés, ni le long des rivières et des plaines alluviales, ni à l'occasion d'une promenade au bord d'un lac pittoresque, ni en s'arrêtant dans des villages au charme préservé. Visite de musées, châteaux, églises et monastères, pratique de la voile ou de l'équitation...toutes les possibilités s'offrent au voyageur dans ce parc.

Im himmlischen Aachen

Ein Abbild des himmlischen Jerusalems wollte Karl der Große mit dem Bau der **Pfalzkapelle zu Aachen** erschaffen und so seinen weltlichen wie geistlichen Herrschaftsanspruch untermauern. Dort, im Zentrum des Aachener Doms, finden sich noch heute die Insignien seiner Macht. Der marmorne Thron ist zwar nicht nachweislich der Herrschersitz des karolingischen Kaisers, sicher ist jedoch, dass er den Thron Salomons symbolisiert. 32 weitere Kaiser des Heiligen Römischen Reichs ließen sich hier krönen.

Heavenly Aachen

When he commissioned the construction of the palatinate chapel of Aachen, Charlemagne asked for a reproduction of heavenly Jerusalem. This was to underline both his worldly and spiritual claim to power. And even today his imperial insignia are found here, in the centre of **Aachen Cathedral**. Though the marble throne cannot be directly traced back to the Carolingian Emperor, it is undisputed that it symbolises the throne of Solomon. Subsequently, 32 more rulers of the Holy Roman Empire were crowned here.

In het hemelse Aken

Karel de Grote wilde een evenbeeld van het hemelse Jeruzalem creëren en zijn aanspraak op zowel de profane als de kerkelijke macht benadrukken, toen hij de Pfalzkapelle in Aken liet bouwen. In het midden van de huidige **dom van Aken** vinden we ook nu nog de insignes van zijn macht. Het is niet bewezen dat de marmeren troon werkelijk de zetel van de Karolingische keizer was, wel staat vast dat het de troon van Salomo symboliseert. Behalve Karel werden hier nog 32 andere keizers van het Heilige Roomse Rijk gekroond.

Aix-la-Chapelle, ville céleste

En construisant la Chapelle Palatine Carolingienne, le coeur de la cathédrale, Charlemagne souhaitait reproduire la Jérusalem céleste exprimant ainsi son voeu de devenir héritier de l'Empire romain sur le plan religieux et laïc. Aujourd'hui encore, au coeur de l'actuelle **Cathédrale d'Aix-la-Chapelle**, le visiteur peut admirer les insignes de son pouvoir. Bien qu'il n'y ait pas de certitude que l'Empereur carolingien occupait vraiment ce trône de marbre, une chose est pourtant sûre : il symbolise le trône du roi Salomon. Après Charlemagne, 32 autres Empereurs du Saint Empire romain germanique furent couronnés au sein de la cathédrale.

Symbole der Nächstenliebe

Sie ist Heimat junger Kunst und uralter Reliquien: die **Reichsabtei in Kornelimünster** bei Aachen. Das heutige Museum für moderne NRW-Kunst begann sein Dasein als Benediktinerabtei, die im 9. Jahrhundert errichtet und zuletzt im Barock aufwändig umgebaut wurde. Aus dem Reliquienschatz Karls des Großen aber stammen die eigentlichen Schätze des Klosters: ein Grab- und Schweißtuch sowie das Schürztuch Christi, mit dem er beim Abendmahl die Füße der Apostel trocknete. Alle sieben Jahre kann man die Heiligtümer sehen.

Symbols of Christian love

The **Reichsabtei in Kornelimünster in Aachen** houses both contemporary art and very old reliquaries. Today's museum for modern regional art originated as a Benedictine abbey, built in the 9th century and extravagantly restructured in the Baroque era. And yet, the true treasures of the monastery come from the reliquary treasure of Charlemagne: a shroud, a sudarium, and the towel which Christ used when he washed and dried the Apostles' feet during the Last Supper. These objects are displayed every seven years.

Symbolen van naastenliefde

De **rijksabdij Kornelimünster in Aken** herbergt hedendaagse kunst en oeroude relikwieën. Wat nu het museum voor moderne kunst in Noordrijn-Westfalen is, was in de negende eeuw een benedictijns klooster. Pas later werd het omgebouwd tot een barokke kerk. De eigenlijke schatten van het klooster stammen uit de relikwieën van Karel de Grote: een graf- en zweetdoek en de doek van Christus waarmee Hij de voeten van de apostelen afdroogde. Deze heiligdommen kunnen om de zeven jaar worden bewonderd.

Trésors de la chrétienté

L'**Abbaye de Kornelimünster à Aix-la-Chapelle** abrite à la fois des oeuvres d'art modernes et des reliques immémoriales : l'actuel musée d'art moderne de la Rhénanie-du-Nord-Westphalie (Museum für moderne NRW-Kunst) était jadis une abbaye de bénédictins édifiée au IXe siècle dont les derniers travaux intensifs remontent à l'ère baroque. Mais le véritable trésor de l'abbaye, c'est le Linceul et le Pagne du Christ, à découvrir tous les sept ans.

Kupferstadt mit Burg

Die Geschichte von **Stolberg** beginnt spätestens im 12. Jahrhunderts mit dem Bau einer Burg hoch über dem Vichtbachtal. Diese Burg – das heutige Wahrzeichen der Stadt – erfuhr im Verlauf der Jahrhunderte zahlreiche Umgestaltungen. Zu ihren Füßen entstand noch im späten Mittelalter eine prosperierende Industriesiedlung mit Kupfer-, Eisen- und Messingverhüttung. Diese alten Manufakturgebäude sind erstaunlich gut erhalten und bilden zusammen mit der Burg ein reizvolles Stadtbild.

Copper town with castle

The history of **Stolberg** starts in the 12th century at the latest, when construction was begun for a castle high above Vichtbach valley. This castle, which today is the landmark of the town, was rebuilt several times in the course of the centuries. In the late Middle Ages, a prospering industrial settlement developed at the castle's feet, where copper, iron and brass were smelted. These old manufactories are amazingly well preserved and, in combination with the castle, make an interesting cityscape.

Stad van het koper met burcht

De geschiedenis van **Stolberg** begint in de twaalfde eeuw, met de bouw van een burcht hoog boven het Vichtbachtal. Deze burcht – het huidige symbool van de stad – werd in de loop van de eeuwen herhaaldelijk omgebouwd. Aan de voet ervan ontstond in de late middeleeuwen een florerende 'industriestad', gespecialiseerd in de verwerking van koper, ijzer en messing. De oude ambachtshuizen zijn nog in uitstekende staat, en samen met de burcht geven ze de stad een bekoorlijk cachet.

Ville du cuivre avec château

L'histoire de **Stolberg** remonte à la fin du XIIe siècle avec la construction d'un château en haut de la Vichtbachtal. Ce château – aujourd'hui l'emblème de la ville – a subi nombre de modifications au fil des siècles. Au pied de l'édifice, une industrie de la fusion du cuivre, du fer et du laiton se développa vers la fin du Moyen-Âge. Ces manufactures, malgré leur ancienneté, sont particulièrement bien conservées et dressent, avec le château, un portrait pittoresque de la ville.

Spiel mit Licht und Farbe

An jedem Tag ist die Wirkung der hier ausgestellten Kunstwerke einzigartig: im **Deutschen Glasmalerei-Museum** in Linnich. Denn je nachdem, ob es wolkig oder sonnig, Frühling oder Herbst, Morgen oder später Nachmittag ist – immer erscheinen die gläsernen Kunstwerke in neuem Licht, erzeugen eine ganz andere Stimmung als noch eine Stunde zuvor. Das ungewöhnliche Museum – das in einer restaurierten Öl- und Mehlmühle beherbergt ist – zeigt Glasmalereien vom 15. Jahrhundert bis heute.

A play of light and colour

Every day, the effect of the works of art shown in the **Deutsche Glasmalerei-Museum in Linnich** is unique. Depending on whether it is cloudy or bright, spring or autumn, morning or late afternoon, the vitreous artworks appear in a new light, creating an atmosphere that is entirely different to just one hour before. This unusual museum is housed in a restructured oil and grain mill and exhibits glass paintings from the 15th century to the present day.

Licht- en kleurenspel

Niet een dag is het effect van de in het **Deutsches Glasmalerei-Museum in Linnich** tentoongestelde kunstwerken hetzelfde. Want afhankelijk daarvan of het bewolkt is of zonnig, lente of herfst, 's ochtends vroeg of laat in de middag verschijnen de glazen kunstwerken telkens weer in een ander licht en wekken een geheel andere sfeer op dan een uur tevoren. Het bijzondere museum dat gehuisvest is in een gerestaureerde olie- en korenmolen, toont glasschilderkunst van de vijftiende eeuw tot heden.

Jeux de couleurs et de lumière

Les oeuvres d'art en verre exposées au **Deutsches Glasmalerei-Museum à Linnich** sont d'une éclatante beauté et apparaissent sous une lumière nouvelle au gré de l'heure, de la météo ou encore, de la saison. Ce musée insolite, hébergé dans un ancien moulin à huile et à farine, expose des peintures sur verre du XVe siècle jusqu'à nos jours.

Für Schlemmer, Sportler und Historiker

Hoch über dem Rurtal thronend, bietet **Burg Nideggen** wirklich etwas für jeden Geschmack. Kletterer finden steile Felsen, Spaziergänger ruhige Waldwege und idyllische Picknickplätze. Wer gern anderweitig für seine Figur sorgt, ist mit dem feinen Restaurant der Burg gut beraten. Beim anschließenden Rundgang durch die Burg lässt sich nicht nur gut verdauen, man erfährt auch, dass der Bergfried bereits zwischen 1177 und 1190 entstand und im Verlies immerhin zwei Kölner Erzbischöfe eingesessen haben.

For lovers of fine food, sports and history

Enthroned high above the RurValley lies **Burg Nideggen** which has something to offer for everyone. There are steep rocks for mountaineers, tranquil forest paths for walkers and idyllic picnic spots. And if you want to give your body another kind of treat, there's the castle restaurant. A tour of the castle is not only good for the digestion, you will also learn that the donjon dates from between 1177 and 1190 and that two archbishops from Cologne were kept in the dungeon.

Voor lekkerbekken, sporters en historici

Burg Nideggen, hoog gelegen boven het Rurtal, biedt voor elk wat wils. Klimmers vinden er steile rotsen en wandelaars idyllische bospaden en picknickplaatsen. Voor wie graag op een andere manier iets voor zijn of haar figuur wil doen, is het exquise restaurant in het kasteel een aanrader. Bij de aansluitende rondleiding door het kasteel bevordert u niet alleen uw spijsvertering, maar verneemt u ook dat het belfort al tussen 1177 en 1190 ontstond en dat in de kerker ooit twee aartsbisschoppen uit Keulen gevangen zaten.

Aventures culinaires, sportives et historiques

Le **Château de Nideggen**, trônant sur la vallée de la Rur, en a pour tous les goûts. Les amateurs de l'escalade y trouvent des falaises escarpées, ceux de la promenade, des chemins forestiers tranquilles et de jolies aires de pique-nique. Le restaurant exquis du château est aux petits soins des adeptes de mets raffinés. La visite guidée du château favorise non seulement une bonne digestion, on y apprend également que le haut-château fut édifié entre 1177 et 1190 et qu'il servit de prison à deux archevêques colonais.

Kein schöner Land

Beeindruckende Sandsteinformationen, stille Gewässer, Blumenwiesen, tiefe Wälder und sonnige Moore, dazwischen eisenzeitliche Hügelgräber, Burgen und Bauerndörfer: Der **Nationalpark Eifel** verbindet Ruhe und Erholung mit kulturellem Genuss, Sport und einer einzigartigen Natur. Letztere darf sich in dem Schutzgebiet wieder ganz nach eigenem Gutdünken ausbreiten, und so entstehen hier ganz allmählich kleine Urwälder mit einem Artenreichtum, der seinesgleichen sucht.

A beautiful country

Imposing sandstone formations, calm waters, flowery meadows, deep woods and sunny moors intermingled with Iron-Age barrows, castles and remote villages: **Nationalpark Eifel** combines quiet relaxation with cultural enjoyment, sports and a unique landscape. Nature can once more develop unhindered in this protected area, and so step by step small primeval forests are evolving with an unequalled wealth of species.

Waar is het mooier?

Imposante zandsteenformaties, stille wateren, bloeiende velden, dichte bossen en zonnige heide- en veengebieden, afgewisseld met heuvelgraven uit de ijzertijd, kastelen en onvervalste plattelandsdorpen vormen het unieke **Nationalpark Eifel**. Het park biedt naast rust en ontspanning ook veel culturele en sportieve mogelijkheden. En nu de beschermde natuur er zich naar hartenlust mag uitbreiden, ontstaan er geleidelijk aan weer kleine oerwouden met een weergaloze biologische diversiteit.

Attraction naturelle

Avec ses impressionnantes formations de grès, ses eaux limpides, ses prés fleuris, ses forêts profondes et ses marais ensoleillés, ses paysages parsemés de tumuli remontant à l'Âge du Fer, ses châteaux forts et ses villages, le **Parc national de l'Eifel** est à la fois un havre de paix et un endroit se prêtant à des activités culturelles et sportives dans un cadre naturel unique. Dans cette zone protégée, la nature peut de nouveau évoluer à son propre rythme et l'on voit apparaître de petites forêts vierges avec une faune et une flore exceptionnelles.

Aachen und Eifel

Wasserspeicher und Erholungsraum

Im Herzen des neu gegründeten Nationalparks Eifel liegt die **Rurtalsperre**. Mit über 200 Millionen Kubikmetern Fassungsvermögen ist sie eine der größten Talsperren Deutschlands. Angesichts solcher Wassermassen fühlen sich nicht nur Karpfen, Hecht und Zander wohl: Sie teilen das bis zu 65 Meter tiefe Wasser mit Tauchern, Anglern und Seglern. Und die wunderschöne Landschaft, die den Rursee umgibt, ist das Ziel vieler begeisterter Wanderer und Radfahrer.

Water reservoir and recreational space

In the heart of the recently founded nature reserve lies the **Rurtalsperre** dam. Holding more than 200 million cubic metres, it is one of Germany's largest river dams. In view of such amounts of water, not only are there carps, pikes and pike perch, the water with a depth of up to 65 metres also attracts divers, anglers and yachtsmen. The beautiful landscape surrounding Rur lake is the destination of many keen walkers and cyclists.

Waterreservoir en recreatiegebied

In wat inmiddels officieel Nationalpark Eifel heet, ligt het stuwmeer de **Rurtalsperre**. Met meer dan 200 miljoen kubieke meter inhoud is het een van de grootste stuwmeren van Duitsland. In dit soort grote plassen voelen niet alleen karpers, snoeken en snoekbaarzen zich thuis. Ze delen het meer, dat op sommige plaatsen 65 meter diep is, met duikers, vissers en zeilers. Het prachtige landschap eromheen is het doel van talloze enthousiaste fietsers en wandelaars.

Réservoir d'eau et aire de repos

Au coeur du nouveau Parc national de l'Eifel se trouve le barrage de vallée **Rurtalsperre** qui, avec un volume dépassant 200 millions de m^3, est un des plus grands d'Allemagne. Dans cette masse d'eau atteignant jusqu'à 65 m de profondeur, carpes, brochets et sandres se sentent autant à l'aise que les plongeurs, les pêcheurs et les plaisanciers. Et, la splendeur du paysage en bordure du Rursee représente une destination de choix pour les randonneurs et les cyclistes.

Zurück in die Vergangenheit

So also sahen Westerwald, Bergisches Land, Niederrhein und die Eifel seit dem 15. Jahrhundert aus: Fachwerkhäuser, zu hübschen Dörfern gruppiert, Streuobstwiesen, Äcker und Weiden zeigen dem Besuchern des **Freiluftmuseums Kommern**, wie schön Nordrhein-Westfalen auch früher schon war. Auch im Innern der Häuschen kann man erleben, wie unsere Vorfahren im Rheinland lebten. Wem das nicht genug ist, dem hilft sicher das Landesmuseum in Kommern mit seinen wechselnden Ausstellungen zur rheinischen Heimat weiter.

Back to the past

So this is what Westerwald, Bergisches Land, Lower Rhine area and Eifel have looked like since the 15th century: half-timbered houses prettily grouped into hamlets; orchards, fields and pastures. Visitors to the **Freiluftmuseum Kommern** can experience the beauty of Northrhine-Westphalia in the olden days. Inside the little cottages the way of living of our Rhenish forebears can be witnessed. Furthermore, the Landesmuseum in Kommern hosts temporary exhibitions focusing on life in the Rhineland.

Terug naar het verleden

Zo ongeveer zagen het Westerwald, Bergisches Land, de Niederrhein en Eifel er vanaf de vijftiende eeuw uit: vakwerkhuizen, kleine, verstrooid liggende boomgaarden, akkers en weilanden. Aan de hand hiervan laat het **Freiluftmuseum Kommern** zijn bezoekers zien hoe mooi Noordrijn-Westfalen vroeger was. In de huisjes kan de bezoeker zelf beleven hoe de mensen in het Rijnland vroeger leefden. Wie nog meer wil zien, komt in het Landesmuseum in Kommern met zijn wisselende tentoonstellingen over het Rijnland volop aan zijn trekken.

Voyage dans le passé

Les régions Westerwald, Bergisches Land, le Bas-Rhin et l'Eifel sont restées fidèles à elles-mêmes depuis le XVe siècle. On y trouve des maisons à colombages dans de pittoresques villages, des vergers, des champs et des pâturages, et, les visiteurs du musée de plein air **Freiluftmuseum Kommern**, peuvent se faire une idée du grand attrait, aujourd'hui comme hier, de la Rhénanie-du-Nord-Westphalie. À l'intérieur des maisons, ils verront de quelle manière vivaient nos ancêtres rhénans. Pour plus d'informations, le visiteur intéressé peut se rendre au Landesmuseum à Kommern, musée proposant des expositions changeantes sur le pays rhénan.

HOTEL·RESTAURANT
Historischer Ratskeller
1,5 t
3 m

Zeitsprung

Monschau lädt ein zu einer Zeit- und Märchenreise. Und diese beginnt mit Betreten der historischen Altstadt. Hier drängen sich entlang der Rur etliche schiefergedeckte und bis ins kleinste Detail liebevoll ausgestaltete Fachwerkhäuser aneinander, prächtige ehemalige Kontorhäuser bezeugen die Blütezeit der einstigen Tuchmacherstadt und über allem thront die Burg Monschau aus dem 13. Jahrhundert. Eine wahrhaft verzaubernde Kulisse!

Time tunnel

Monschau invites you to travel back in time. Walk into the historic old city and you are entering a fairy-tale world. Alongside Rur river, slated and lovingly decorated half-timbered houses huddle together whereas the magnificent former office houses testify to the heyday of the former cloth-makers' town. Up above thrones Monschau Castle from the 13th century – a truly enchanting setting!

Tijdreis

Monschau neemt u mee op een sprookjesreis door de tijd. Deze begint meteen zodra u het oude centrum van de plaats binnenkomt. Hier langs de rivier de Rur staan de talloze, tot in het kleinste detail liefdevol versierde vakwerkhuizen met leien daken dicht op elkaar. Schitterende voormalige koopmanshuizen getuigen van de bloeitijd van de lakenweverij. En hoog boven alles torent het dertiende-eeuwse kasteel van Monschau. Een betoverend stadje!

Ville féérique

Monschau vous transporte dans un conte de fée dès l'entrée de la vieille-ville historique. Ici, le long de la Rur, des maisons à colombages aux toitures d'ardoise côtoient de prestigieuses anciennes maisons commerciales qui témoignent de l'essor de cette ancienne ville de drapiers. Et, cette coulisse féérique est rendue parfaite par le château de Monschau datant du XIIIe siècle.

Ode an die Natur

Auch wenn es nicht mehr zu NRW gehört, so lockt doch nicht weit von Monschau, aber schon auf belgischer Seite das **Hohe Venn.** Seinen ganzen Zauber entfaltet es an einem sonnigen Herbstmorgen: Dies ist der Zeitpunkt, wenn sich die Frühnebel langsam auflösen, die Landschaft ihre mystische Seite hervorkehrt und all die Legenden und Schauergeschichten, die sich um das berühmte Hochmoor ranken, zum Greifen nah scheinen. Fürchten muss sich indes heute niemand mehr: Holzplankenwege, die jedes Jahr von mehr Besuchern genutzt werden, führen sicher über die wasserreichen Böden.

An ode to nature

On a sunny autumn morning, the **Hohe Venn** unfolds all of its magic: this is the time when the morning mists slowly dissolve, the landscape presents itself from its most mystic side and all the legends and grisly stories about the famous raised bog suddenly seem true. But there is no reason to be afraid these days, as cordwood bridgeways safely guide the increasing number of visitors across the swampy grounds.

Hommage aan de natuur

Het betoverende karakter van het **Hohen Venn** komt vooral op zonnige herfstmorgens tot volle glorie. Dit is het moment waarop de nevels langzaam oplossen, het landschap zich van haar mystieke kant laat zien en alle legenden en griezelverhalen die er omtrent dit beroemde hoogveen bestaan, ineens weer tot leven worden gewekt. Bang hoeft niemand meer te zijn. Loopplanken, waar jaar voor jaar steeds meer bezoekers overheen gaan, zorgen ervoor dat niemand natte voeten krijgt.

Ode à la nature

Les **Hautes Fagnes** nous invitent à découvrir un monde rempli de mystères et de mythes autour de vastes étendues de tourbières. À l'aube automnale, lorsque les rayons du soleil transperçent le brouillard du matin, elles deviennent magiques. Des sentiers de planches permettent aux visiteurs de parcourir aisément les sols marécageux.

Aachen und Eifel

Von Gut und Böse

Die Eifel hält viele schöne Ziele für Wanderungen bereit. Wer sich bei der Burg Dalbenden ins **Tal der Urft** begibt, erlebt nicht nur ein Stück unverfälschter Natur. Hier kann man auf den Spuren der längst verfallenen Burgen Stolzenburg und Pielstein wandeln, deren Untergang der Legende zufolge auf den Übermut und die Böshaftigkeit seiner einstigen Bewohner zurückzuführen ist. Vor diesem Hintergrund erscheint es nur konsequent, dass das nahe gelegene Kloster Steinfeld mittlerweile auf eine über 1000-jährige Geschichte zurückblicken kann.

Of good and bad people

There are many beautiful destinations in the Eifel for people who love extended walks. The **Urft Valley** close to Dalbenden Castle is not only a piece of unspoilt nature; there are also the ruins of the castles Stolzenburg and Pielstein to be discovered, whose downfall, as legend has it, was due to the wantonness and viciousness of its inhabitants. With this knowledge in the back of your mind, it seems even more interesting that nearby Steinfeld monastery can now look back on a history of more than 1000 years.

Goed versus kwaad

De Eifel heeft talrijke mooie wandelroutes te bieden. Wie bij de Burg Dalbenden het **dal van de Urft** binnengaat, kan een stukje ongerepte natuur beleven. Hier kun je wandelen langs de statt van de vervallen belforts Stolzenburg en Pielstein, waarvan, aldus de legende, de ondergang te wijten is aan overmoed en boosaardigheid van de vroegere bewoners. Tegen deze achtergrond is het verbazingwekkend dat het nabij gelegen klooster Steinfeld nog intact is en zo op een meer dan 1000-jarige geschiedenis kan terugblikken.

La bonté vaincra !

L'Eifel propose quantité de pistes de randonnées des plus pittoresques. L'un de ces sentiers mène au Château Dalbenden dans la **vallée de l'Urft**, où on ne découvre pas seulement une parcelle de nature intacte, mais où on peut également suivre la trace des châteaux de Stolzenburg et de Pielstein qui selon la légende, doivent leur destruction à l'exubérance et à la méchanceté de leurs anciens habitants. Avec satisfaction, on constatera que l'existence du monastère de Steinfeld, situé à proximité, est plus que millénaire.

Raus aus der Finsternis

Nichts lässt den Spaziergänger in **Bad Münstereifel** erahnen, wie beschwerlich das Leben im finsteren Mittelalter hier einst gewesen sein muss. Da kann man zwar live miterleben, wie in traditioneller Weise Brot und Printen gebacken, Bier gebraut und Zinnkrüge gegossen werden, doch in dem Eifler Städtchen sieht das eher romantisch als nach harter Arbeit aus. Und auch sonst wirkt die mittelalterliche Stadt zwischen Rathaus, Burg und Stiftskirche so frisch und sonnig, dass sie mit dem Vorurteil des dunklen Zeitalters noch heute aufzuräumen scheint.

Not so dark ages

Taking a walk in **Bad Munstereifel** gives you no notion of how hard life must have been here in the dark Middle Ages. Although there are live presentations of how bread and Printen (local gingerbread) were baked traditionally, how beer was brewed and tin jugs were cast, everything in this small Eifel town looks more romantic than recalling backbreaking hard work. The medieval centre between town hall, castle and abbey church seems to have set the goal of improving the image of the "dark" Middle Ages.

De duisternis ontvlucht

Niets in **Bad Münstereifel** herinnert meer aan het zware leven van de middeleeuwen. Weliswaar kan de bezoeker hier nog zien hoe op traditionele wijze brood en koek worden gebakken, bier wordt gebrouwen en tinnen kroezen worden gemaakt, maar verder doet het leven in dit Eifel-stadje vooral heel romantisch aan. De hele entourage tussen het raadhuis, het kasteel en de stiftskerk heeft een verfrissende en vrolijke noot. Het lijkt alsof men hier een definitief een streep wilde zetten onder het cliché dat de middeleeuwen een duister tijdperk waren.

Fini les ténèbres

Au cours d'une visite de **Bad Münstereifel**, rien ne laisse entrevoir l'obscurité du quotidien au Moyen-Âge. Le visiteur peut en apprendre davantage sur la cuisson traditionnelle du pain et des Printen (pains d'épices allemands), sur le brassage de la bière et la fonte de cruches en étain. Et, cette ville médiévale si vivante et ensoleillée, avec son hôtel de ville, le château et l'église collégiale, est comme une preuve que du moins certains de nos préjugés sur cette ère sont infondés.

Unendliche Weiten in der Eifel

3200 Tonnen ist es schwer und so groß wie ein Fußballfeld, das **Radioteleskop Effelsberg** in der Eifel. Was für den Menschen mit bloßem Auge und den besten Linsen nicht sichtbar wird, gelingt dem gigantischen Teleskop: Es empfängt Radiowellen aus dem All, die den Astronomen ein Urteil über die physikalische und chemische Gegebenheiten andere Planeten, Sterne und Galaxien erlauben. Das Teleskop zählt mit seinem Durchmesser von 100 m zu den größten schwenkbaren Radioteleskopen der Welt und ist in Europa einzigartig.

Endless expanses in the Eifel

It weighs 3200 tons and is as big as a football pitch: the **Radio telescope Effelsberg** in the Eifel. What man cannot discern with his own eyes or even with the best lenses does not escape this gigantic telescope. It receives radio waves from space which allow astronomers to judge the physical and chemical features of other planets, stars and galaxies. With a diameter of 100 metres, this is one of the largest pivoting radio telescopes in the world and the only one in Europe.

Oneindig uitzicht

De **radiotelescoop van Effelsberg** in de Eifel is 3200 ton zwaar en zo groot als een voetbalveld. Wat voor ons met het blote oog en de beste lenzen onzichtbaar blijft, maakt deze gigantische telescoop wel zichtbaar. Hij ontvangt radiogolven uit de ruimte, op basis waarvan astronomen iets kunnen zeggen over de fysieke en chemische kenmerken van andere planeten, sterren en sterrenstelsels. Met zijn diameter van 100 m is deze radiotelescoop niet alleen uniek in Europa, maar ook een van de grootste draaibare radiotelescopen ter wereld.

Paysages infinis de l'Eifel

De la taille d'un terrain de football, le gigantesque **radio-télescope d'Effelsberg** dans l'Eifel permet de voir ce que l'homme ne peut distinguer ni à l'oeil nu, ni avec les meilleures lentilles du monde. Il reçoit des ondes radio de l'espace, analysées par les astronomes en vue de juger les caractéristiques physiques et chimiques d'autres planètes, des étoiles et des galaxies. Le télescope de 3 200 tonnes, avec son diamètre de 100 m, compte parmi les plus grands radio-télescopes pivotables du monde et est le seul de son genre en Europe.

Eifelschönheiten

Wachholderheiden säumen den Weg, der Blick schweift über die fruchtbaren Äcker und Weideflächen der Eifel und im Tal begrüßen einen zahlreiche Schmetterlinge, die über die mit Orchideen bewachsenen Wiesen flattern. Der Weg von Mirbach hinab ins **Lampertstal** gehört zu einer der schönsten Wanderstrecken in der Eifel, die mit dem Kreuzweg hinauf auf den Kalvarienberg ihren topografischen und atmosphärischen Höhenpunkt erreicht.

Eifel beauties

Juniper copses grace the lane, the view takes in the fertile fields and pastures of the Eifel and down in the valley numerous butterflies come to greet you, swarming up from the meadows where orchids grow. The walk from Mirbach down into the **Lampertstal** counts amongst the most ravishing trails of the Eifel. Its topographical and atmospheric climax is reached with the way of the cross up to Kalvarienberg (Calvary).

Schoonheid van de Eifel

Jeneverbessen staan langs de weg, de blik dwaalt over de vruchtbare akkers en weilanden van de Eifel. In het dal word je begroet door talrijke vlinders die over de met orchideeën begroeide weiden fladderen. De route van Mirbach naar **Lampertstal** is een van de mooiste wandelwegen van de Eifel. Het topografische hoogtepunt is de sfeervolle kruisweg bergopwaarts naar de Kalvarienberg.

Beautés eifeloises

Chemins bordés de buissons de genièvre, champs et pâturages fertiles de l'Eifel et, dans la vallée, papillons virevoltant par centaines sur des prés parsemés d'orchidées... L'itinéraire de randonnée de Mirbach à la descente dans la vallée de **Lampertstal, dans l'Eifel**, en passant par le chemin de croix culminant sur le Kalvarienberg, est l'un des plus pittoresques de l'Eifel.

Bonn und Rhein-Sieg-Kreis

Kunst und Geschichte

Kaum eine Stadt kann sich so vieler außergewöhnlicher **Museen** rühmen wie die ehemalige Bundeshauptstadt **Bonn**. Neben den renommierten Häusern wie Kunstmuseum, Rheinischem Landesmuseum und der Kunst- und Ausstellungshalle ist das absolute Highlight das Haus der Geschichte. Anhand von 6000 Objekten und Dokumenten – darunter so Spannendes wie die Suchkind-Datei, Adenauers Dienstwagen und ein Rosinenbomber – erhält man Einblick in die deutsche Geschichte nach 1945.

Art and history

There is hardly a city that can boast of so many exceptional **museums** as the former federal capital **Bonn**. Alongside renowned institutions such as Kunstmuseum, Rheinisches Landesmuseum and the exhibition space Kunst- und Ausstellungshalle stands the historical highlight, Haus der Geschichte. 6000 objects and documents offer an exceptional glimpse at German history since 1945 – amongst others the file for lost children, Adenauer's official car and a "Rosinenbomber", a plane that flew food to Berlin after the wall was erected.

Kunst en geschiedenis

Bijna geen andere stad telt zo veel bijzondere **musea** als **Bonn**, de voormalige hoofdstad van Duitsland. Naast gerenommeerde musea zoals het Kunstmuseum, het Rheinisches Landesmuseum en de Kunst- und Ausstellungshalle is het Haus der Geschichte toch wel het absolute hoogtepunt. Hier geven 6000 objecten en documenten – waaronder Adenauers dienstauto en een zogenoemde 'Rosinenbomber', een van de vliegtuigen die in de oorlog de statt de Berlijnse Luchtbrug vormden – een goede indruk van het naoorlogse Duitsland.

Art et histoire

Bonn, l'ancienne capitale fédérale, se distingue notamment par ses nombreux **musées** exceptionnels. À côté d'établissements de renom tels que le Kunstmuseum, le Rheinisches Landesmuseum et la Kunst- und Ausstellungshalle, le musée à ne pas manquer est la Haus der Geschichte (Maison d'histoire de la République fédérale d'Allemagne). Le visiteur découvre l'histoire allemande depuis 1945 à nos jours au travers de quelque 6 000 objets et documents, dont la voiture de fonction d'Adenauer et un « Rosinenbomber » (avion de ravitaillement durant le blocus de Berlin en 1948/49).

Feuerwerk und gute Laune

Alljährlich feiern die Städte und Gemeinden am Rhein ihren Fluss – mit **„Rhein in Flammen"**, einem riesigem Feuerwerk entlang der Ufer. Begonnen hat das Spektakel 1931 mit dem ersten bengalischen Feuer entlang der 26 Flusskilometer zwischen Linz und Bad Godesberg und breitete sich seitdem flussauf- und -abwärts aus. Tausende Schaulustiger bevölkern an den jeweiligen Festtagen die Uferpromenaden, um das Spektakel zu erleben.

Fireworks and fun

Every year, several cities and villages on the Rhine celebrate their river with huge fireworks staged on the riverbanks, called **Rhein in Flammen** (Rhine in flames). It began in 1931 with a Bengal firework ignited along the 26-kilometre stretch between Linz and Bad Godesberg. Since then, it has spread up and down the river. Thousands of onlookers flock to the river promenades to enjoy the spectacle on the respective festival days.

Rivier onder vuur

Elk jaar weer huldigen de steden en dorpen langs de Rijn 'hun' rivier met **'Rhein in Flammen'**, een gigantisch vuurwerk. Dit spektakel begon ooit in 1931, toen langs het 26 kilometer lange traject van Linz naar Bad Godesberg Bengaals vuur werd ontstoken. Sindsdien hebben andere gemeenten in beide stroomrichtingen dit gebruik overgenomen. Duizenden toeschouwers staan dan dicht opeen langs de rivier om het vuurwerk van dichtbij te zien.

Rhin en fête

Tous les ans, le Rhin est illuminé par les feux d'artifice éclatant de part et d'autre du fleuve. La première du spectacle « **Rhein in Flammen** », fut célébrée en 1931, avec des feux de Bengale le long des 26 kilomètres fluviaux entre Linz am Rhein et Bad Godesberg. Durant ces fêtes, des milliers de passionnés se rendent sur les promenades pour ne pas perdre une miette, ou plutôt, étincelle, de ce spectacle féérique.

Degradierter Amtssitz

Dem ersten Bundespräsidenten Theodor Heuss diente sie bereits als Amts- und Wohnsitz: die **Villa Hammerschmidt** in Bonn. Der strahlendweiße klassizistische Bau wurde 1860 direkt am Rhein errichtet und wird wegen seiner Ähnlichkeit zum Amtsitz des amerikanischen Präsidenten auch „Weißes Haus von Bonn" genannt. Doch seit Beginn der so genannten Berliner Republik ist ihre Bedeutung doch stark geschrumpft, dient sie dem Bundespräsidenten jetzt doch nur noch als Zweitwohnsitz.

Degraded seat of government

Villa Hammerschmidt in Bonn already served as official and private residence to Germany's first Federal President, Theodor Heuss. The spotless white structure in the Classicist style was built in 1860, erected directly by the Rhine, and because it resembles the official residence of the President of the USA, it is also called the "White House of Bonn". But today it is only the President's second home, because the importance of Bonn has decreased dramatically since the onset of the so-called Berlin Republic.

Gedegradeerde dienstwoning

Voor de eerste Duitse president Theodor Heuss was de **Villa Hammerschmidt in Bonn** zowel dienstgebouw als woning. Het stralend witte, classicistische bouwwerk werd in 1860 pal aan de Rijn gebouwd en wordt vanwege de gelijkenis met de zetel van de Amerikaanse president ook wel het 'Witte Huis van Bonn' genoemd. Sinds het begin van de zogenaamde 'Berlijnse Republiek'

heeft het gebouw zijn hoofdfunctie ingeboet en dient het officieel nog slechts als tweede woning van de bondspresident.

Maison Blanche allemande

Résidence présidentielle avant le transfert de la capitale à Berlin au Palais de Belle Vue, la **Villa Hammerschmidt à Bonn**, bâtiment édifié en 1860, à proximité directe du Rhin, doit son appellation « Maison Blanche de Bonn » à ses façades d'un blanc immaculé. Depuis le début de la « République de Berlin », elle a perdu du poids sur le plan politique, n'étant plus aujourd'hui que la seconde résidence officielle du président de la RFA.

Bonn und Rhein-Sieg-Kreis

Rasantes Vergnügen

„Turbo-Force", „Skater X-Treme" oder „Power Tower" – die Namen sind Programm auf dem **Pützchens Markt**, einem der größten Volksfeste des Rheinlands, das alljährlich im September stattfindet. Geschwindigkeitsfanatiker, für die kein Fahrgeschäft rasant genug sein kann, kommen hier ebenso auf ihre Kosten wie Kinder, die eher auf dem Kettenkarussell oder der Euro-Rutsche ihr Glück finden. Das 55 Meter hohe Riesenrad, Wahrzeichen des Jahrmarkts, dürfte dann den Geschmack eines jeden Besuchers treffen, bietet es doch einen atemberaubenden Panoramablick.

Racy fun

"Turbo-Force," "Skater X-Treme" or "Power Tower" – the names tell it all on **Pützchens Markt**, one of the largest fun fairs in the Rhineland, which takes place every year in September. High speed freaks for whom no ride can be thrilling enough get their money's worth just as much as the children, who delight in wave swingers or fun slides. The Ferris wheel is the 55 metres high landmark of the fun fair and should suit every visitor fine since it offers a breathtaking panorama.

Grote kermis

Ze heten 'Turbo-Force', 'Skater X-Treme' en 'Power Tower' en ze doen hun naam alle eer aan. Op de **Pützchens Markt**, een van de grootste volksfeesten van het Rijnland, dat elk jaar in september plaatsvindt, komen snelheidsfreaks voor wie niets hard genoeg gaat, volop aan hun trekken. Maak ook voor de allerkleinsten valt er genoeg te beleven, zoals het kettingcarrousel of een reusachtige glijbaan. Het 55 meter hoge reuzenrad, hét symbool van deze kermis, doet het altijd goed bij jong en oud en biedt een adembenemend uitzicht.

Kermesse pour petits et grands

« Turbo-Force », « Skater X-Treme » ou encore « Power Tower » comptent parmi les favoris du **Pützchens Markt**, l'une des plus grandes fêtes foraines du pays rhénan. Tous les ans, en septembre, cette kermesse accueille tant les fanatiques de la vitesse les plus téméraires que les enfants sur des carrousels à chaînes ou sur l'« Euro-Rutsche », tobogan géant. Avec sa vue panoramique époustouflante, la roue géante de 55 mètres de haut, symbole de la foire, ravira les petits comme les grands.

Natur und Mystik

Es geht über schmale Pfade und Stege, vorbei an Weihern und Quellen, und nimmt man den steilen Anstieg zur Tomburg auf sich, so wird man mit einem spektakulären Ausblick bis hin nach Köln belohnt. Wer den **Rheinbacher Stadtwald** besucht, wird schnell eingenommen von dem besonderen Charme dieses weitläufigen Gebiets. Das liegt nicht zuletzt an der mystisch anmutenden Waldkapelle, die ihre Entstehung einem wundersamen Holzscheit verdankt, der hier 1681 von Waldarbeitern entdeckt wurde.

Nature and mysticism

The task is to walk along small paths and footbridges, pass ponds and springs, and then tackle the steep climb up to the Tomburg, but once you have arrived, you will be able to enjoy a spectacular panorama that reaches as far as Cologne. Any visitor to the **Rheinbacher Stadtwald** is quickly taken by the special charm of these extensive grounds. This is due in part to the mystical forest chapel which was built after some lumberjacks found a wondrous log here in 1681.

Natuur en mystiek

Wie over de smalle paden en bruggetjes en langs poelen en bronnen gaat, en ten slotte de klim naar de Tomburg op zich neemt, wordt beloond met een spectaculair uitzicht, dat bij helder weer helemaal tot aan Keulen reikt. Bezoekers van het **Rheinbacher Stadtwald** zijn al snel onder de indruk van de bijzondere charme van dit uitgestrekte gebied. Dat ligt niet in de laatste plaats aan de mystiek aandoende boskapel, waarvan de bouw te danken is aan een wonderbaarlijk blok hout dat bosarbeiders hier in 1681 ontdekten.

Nature et mystères

Après des kilomètres parcourus sur des sentiers étroits en bordure d'étangs et de sources, au sommet du Tomberg, le randonneur est récompensé par une vue magnifique sur les environs et, parfois même, sur Cologne. Le visiteur de la forêt municipale **Rheinbacher Stadtwald** près de Bonn, est très vite sous le charme très particulier de ce vaste espace vert, abritant entre autres une chapelle de forêt mystique qui doit son existence à la découverte d'une bûche singulière par des ouvriers forestiers, en 1681.

Der Fluss als Wegweiser

Auf einer Länge von rund 320 Kilometern überwindet er Berge, durchläuft Täler und führt durch Wälder und Weinberge – die Rede ist vom **Rheinsteig**, einem der bekanntesten Wanderwege Deutschlands. Nur ein kurzes Stück führt der er durch Nordrhein-Westfalen: Von Bonn – dem Ausgangs- bzw. Endpunkt der Route – sind es rund 35 Kilometern bis zur Landesgrenze. Doch diese Entfernung reicht aus, um sich ganz der Rheinromantik und den landschaftlichen Reizen des Mittelrheins hinzugeben.

Let the river lead the way

320 kilometres, tackling mountains, passing through valleys, woods and vineyards: this is the **Rheinsteig**, one of Germany's best-known hiking trails. Only a small part of it leads through Northrhine-Westphalia, because it is a mere 35 kilometres from Bonn, the starting or finishing point of the trail, to the county border. And yet, even this distance suffices to delve into the heart of Rhine Romanticism and enjoy the natural charms of the Mittelrhein.

De rivier als wegwijzer

Het is een van de bekendste wandelpaden van Duitsland en voert op zijn totale lengte van circa 320 kilometer over bergen, door dalen, bossen en wijngaarden: de **Rheinsteig**. Slechts 35 kilometer ervan, namelijk het deel vanaf het start- of eindpunt in Bonn tot aan de grens met Rijnland-Palts, voert door Noordrijn-Westfalen. Maar dit is voldoende om met volle teugen te kunnen genieten van de geweldige romantiek van de Rijn en de bekoorlijkheid van het landschap van de Middenrijn.

Sentier romantique

Sur près de 320 km, le **Rheinsteig**, traversant monts et vallées et se faufilant à travers forêts et vignes, compte parmi les sentiers de randonnée les plus célèbres d'Allemagne. S'il traverse également la Rhénanie-du-Nord-Westphalie, ce n'est que sur 35 km environ, soit, de Bonn à la frontière du Land. Mais il n'en faut pas davantage pour tomber sous le charme du Rhin et de ses environs.

Bonn und Rhein-Sieg-Kreis

Von Riesen, Drachen und Rittern

Einst hoben sieben Riesen das Bett des Rheins aus und dort, wo sie ihre Spaten ausschüttelten, entstand eines der schönsten Naherholungsgebiete am Rhein nahe Bonn, das **Siebengebirge**. Bekanntestes Ausflugsziel ist der **Drachenfels**, von dem aus immer wieder Drachen die Menschen des Rheinlandes bedroht haben sollen. Doch tapfere Ritter, unter ihnen der Held Siegfried, der dort auch seinen Nibelungenschatz versteckte, befreiten das Land von den Unholden.

Of giants, dragons and knights

Once upon a time, seven giants dug up the Rhine river bed. Where they unloaded their spades, one of the most beautiful recreational areas along the Rhine and close to Bonn came to existence: the **Siebengebirge**, seven mountains. The most famous destination is **Drachenfels** from whence legend has it that dragons would come down to threat the local people. But audacious knights freed the land from these monsters. Amongst them was heroic Siegfried, who hid his Nibelungen treasure there.

Het land van reuzen, draken en ridders

Ooit groeven zeven reuzen de bedding van de rivier de Rijn, en waar ze hun spaden aflaadden, ontstond nabij Bonn een van de mooiste gebieden langs de rivier: het **Siebengebirge**. De meeste dagjesmensen en toeristen begeven zich naar de **Drachenfels**, van waaruit draken, aldus de legende, de mensen in het Rijnland steeds weer bedreigden. Maar dappere ridders, waaronder de held Siegfried (hij zou er ook zijn Nibelungenschat verstopt hebben), verlosten de streek van de monsters.

Où se côtoient des géants, des dragons et des chevaliers

À en croire la légende, sept géants creusèrent le lit du Rhin et, à l'endroit même où ils déposèrent la terre se forma le massif des **Siebengebirge** (sept montagnes), l'un des plus beaux lieux de détente de proximité au bord du Rhin, près de Bonn. Le lieu d'excursion le plus prisé est la **Drachenfels** (falaise du Dragon) d'où des dragons menacèrent longtemps le peuple rhénan. Mais ces monstres furent finalement vaincus par des chevaliers téméraires. Un des héros, Siegfried, y aurait même caché son Trésor des Nibelungen.

Bonn und Rhein-Sieg-Kreis

Rheinromantik pur

Schloss Drachenburg ist die Umsetzung eines Traums. Aus einfachen Verhältnissen kommend und mit internationalen Geschäften ein Vermögen angehäuft, ließ der Bonner Gastwirtssohn Stephan Sarter Ende des 19. Jahrhunderts unterhalb der Burgruine am Drachenfels ein Schloss im neugotischen Stil erbauen. Deutsche Sagen und Mythen finden sich hier bildlich und figürlich verewigt, Zinnen, Erker, Türme und Terrassen schmücken den im Geiste der Rheinromantik errichteten Prachtbau.

The Rhine at its most romantic

Drachenburg Castle is a dream come true. Towards the end of the 19th century, Stephan Sarter, the son of a landlord from Bonn, born into modest circumstances but having made a fortune in international business, had a castle constructed in the Neo-Gothic style, underneath the old castle ruins of Drachenfels. German legends and myths are the topic of paintings, carvings and sculptures that decorate the entire magnificent building held in the style of Rhine Romanticism, complete with battlements and bays, towers and terraces.

Pure Rijnromantiek

Schloss Drachenburg is de verwerkelijking van een droom. Stephan Sarter Ende, zoon van een arme herbergier uit Bonn, was rijk geworden met internationale handel. Aan het einde van de negentiende eeuw liet hij onder de ruïne op de Drachenfels een kasteel in neogotische stijl bouwen. Hier liet hij Duitse sagen en mythen figuratief vereeuwigen, en de vele kantelen, erkers, torens en terrassen getuigen overduidelijk van de geest van de Rijnromantiek.

Romances rhénanes

À la fin du XIXe siècle, avec la construction du **Château de Drachenburg**, Stephan Sarter, issu d'une famille modeste de Bonn et ayant fait fortune dans les affaires, a réalisé son grand rêve. Le château est situé à proximité de celui de Drachenfels, tombé en ruines. Dans cette construction de style néogothique, les contes et les mythes allemands sont immortalisés de manière admirable. Et, les pièces en étain, les saillies, les tours et les terrasses embellissent encore cette construction majestueuse établie dans l'esprit du romantisme rhénan.

Bollwerk gegen die Kölner

„Doch wenn ihr nach der Größe fragt,/aus stolzen Buchenhallen/die Felsenhäupter überragt/die **Löwenburg** vor allen!" So beschrieb Emil Ritterhaus den zweithöchsten Berg im Siebengebirge mit der gleichnamigen Burg, von der heute nur noch Ruinen zu sehen sind. Sie wurde im 12. Jahrhundert von den Grafen von Sayn erbaut, um den gegenüberliegenden Kurkölner Burgen auf der Wolkenburg und dem Drachenfels eine Feste entgegenzustellen. Den Kriegen des 16. Jahrhunderts konnten alle drei Burgen indes nicht Stand halten.

A bulwark against Cologne

"But asked for the size: / high above the rocky heads / made of proud beechwood halls / **Löwenburg** surpasses them all!" This is how Emil Ritterhaus once described the second highest mountain of the Siebengebirge with the castle of the same name, of which today only ruins remain. It was built in the 12th century by the counts of Sayn, who wanted a fortress to set against the castles on Wolkenburg and Drachenfels, built on the other side of the Rhine by the people of electoral Cologne. Nevertheless, none of the three castles managed to survive the wars of the 16th century.

Bolwerk tegen de Keulenaren

"Maar als gij naar de grootte vraagt,/de fiere beukenbossen/en de toppen der bergen overtreft/vooral de **Löwenburg**!" Zo beschreef Emil Ritterhaus de op een na hoogste berg van het Siebengebirge met de gelijknamige burcht, waarvan nu alleen nog de ruïnes zijn te zien. De vesting werd in de twaalfde eeuw gebouwd door graaf Von Sayn, als tegenpool van de tegenoverliggende burchten van Kurköln, op de Wolkenburg en de Drachenfels. Alle drie de burchten werden uiteindelijk verwoest tijdens oorlogen in de zestiende eeuw.

Bastion contre les Colonais

Le château **Löwenburg**, perché sur la Löwenburg, deuxième montagne la plus élevée du Siebengebirge, fut construit au XIIe siècle par le comte de Sayn et servit de forteresse de défense contre les châteaux avoisinants des archevêques colonais, sur les montagnes Wolkenburg et Drachenfels. Des trois châteaux, aucun ne survécut aux guerres dévastatrices du XVIe siècle.

Überregional

Es weihnachtet sehr!

Festlich geschmückt, schmiegen sich die kleinen Holzhäuschen aneinander. Der Duft von Mandeln und Glühwein liegt in der Luft, Weihnachtsmusik begleitet das Geschehen und das Auge mag sich nicht satt sehen an den vielen Waren, die hier angeboten werden. In Nordrhein-Westfalen gibt es über 300 größere **Weihnachtsmärkte**: Jeder hat seinen eigenen Reiz, seinen eigenen Charme, der in den letzten Jahren von immer mehr Besuchern aus ganz Europa entdeckt wird.

It's Christmas time!

In festive decoration, the little wooden stalls are huddled together. There's a smell of sugared almonds and hot wine, season's tunes fill the air and one simply can't get enough of looking at the many wares presented here. There are more than 300 major **Christmas Markets** in Northrhine-Westphalia, each one with its individual charm and character. In recent years, more and more visitors are flocking here from all over Europe.

Het is Kerstmis!

De kleine, feestelijk versierde houten huisjes staan dicht op elkaar, de geur van geroosterde amandelen en glühwein hangt in de lucht. Kerstmuziek vormt een passende omlijsting van het gebeuren en het oog kan maar niet genoeg krijgen van al die fraaie, uitgestalde waren. Elke **kerstmarkt** heeft iets bijzonders, bezit zijn eigen charme. Noordrijn-Westfalen telt maar liefst 300 grotere kerstmarkten, die steeds meer bezoekers uit binnen- en buitenland trekken.

Bientôt Noël !

Plus de 300 grands **marchés de Noël** se répartissent dans le Land de Rhénanie-du-Nord-Westphalie et chacun possède un charme tout particulier. De plus en plus de visiteurs du monde entier découvrent et apprécient ces marchés traditionnels qui invitent à flâner entre les cabanes en bois illuminées, en grignotant des amandes grillées ou en buvant un verre de vin chaud à la cannelle, en se laissant bercer par les chants de Noël tout en contemplant, émerveillé, les mille et une jolies choses offertes par les marchands.

Überregional

Beste Akustik für hochkarätige Stars

Mit den **Konzerthäusern in Köln, Dortmund und Essen** bietet Nordrhein-Westfalen internationalen Stars Bühnen, die ihrem Können wirklich würdig ist. An den drei Häusern schätzen die Orchestermusiker und Solokünstler vor allem die herausragende Akustik, die dem Publikum selbst in den hinteren Reihen einen erstklassigen Musikgenuss verspricht. Auch die Gebäude selbst sind beachtenswert, kann man doch beispielsweise aus dem Foyer der Kölner Philharmonie einen Blick ins benachbarte Museum Ludwig werfen.

Best acoustics for top-notch stars

The **concert halls** of Cologne, Dortmund and Essen are the venues in Northrhine-Westphalia that offer any international star a stage worthy of his or her art. All three houses are renowned with orchestra musicians and solo artists alike for their outstanding acoustics which promise first-class musical enjoyment even in the back rows. The buildings themselves are also remarkable. For example, from the lobby of the Philharmonie Cologne one has a good view of Museum Ludwig, located next door.

Topakoestiek voor topmusici

Met de **concertgebouwen** in Keulen, Dortmund en Essen heeft Noordrijn-Westfalen drie muziektempels van internationaal formaat te bieden, die hun naam alle eer aandoen. Zowel orkesten als solisten waarderen vooral de uitstekende akoestiek van deze concertgebouwen, waar zelfs het publiek in de laatste rijen nog waar voor hun geld krijgen. De gebouwen op zich zijn al een bezienswaardigheid. Zo kijk je vanuit de entreehal van de Philharmonie in Keulen direct in het aanpalende Museum Ludwig.

Acoustique d'exception

Les **salles de concerts** renommées de Cologne, de Dortmund et d'Essen accueillent des stars du monde entier. Les trois établissements sont appréciés tant par les musiciens d'orchestre que par les artistes solo pour leur acoustique d'exception qui satisfait même les oreilles les plus exigeantes. Les bâtiments eux-mêmes ne manquent pas d'attrait, et, du foyer de la Philharmonie de Cologne, on peut jeter un coup d'oeil dans le Museum Ludwig avoisinnant.

Überregional

Wo die Wege zusammenlaufen

Sie werden liebevoll als **„Büdchen"** oder „Klümpkesbude" bezeichnet, andernorts eher nüchtern als „**Kiosk**" oder „Trinkhalle". Sie sind Lebensretter, wenn auf der Party nachts um zwei das Bier ausgeht oder zum Sonntagsfrühstück die Butter fehlt. Sie versorgen die Nachbarschaft mit Zeitungen und Zigaretten, Süßigkeiten und den wichtigsten Neuigkeiten. Insbesondere in den größeren Metropolen Nordrhein-Westfalens sind es diese kleinen Versorgungsstationen, die das Stadtbild prägen und nachbarschaftliche Nähe fördern.

Where paths cross

They are lovingly called **"Büdchen"** or "Klümpkesbude", others define them more soberly as **kiosk** or "drinks hall". They are life savers when you are at a party and suddenly run out of beer at two a.m. Or if you realise on a Sunday morning that there's no butter left. The entire neighbourhood is supplied with newspapers and cigarettes, sweets and the latest news. Especially in the larger metropolises of Northrhine-Westphalia, they are resupply camps that characterise the cityscape and enhance neighbourly contact.

Alle wegen leiden naar …

In de ene streek worden ze liefdevol **'Büdchen'** (stalletje) of 'Klümpkesbude' (snoeptent) genoemd, in de andere heel gewoon **'Kiosk'** of 'Trinkhalle' (drinkhal). Ze zijn de laatste hoop als 's avonds tijdens een feestje ineens het bier op is of er voor het zondagsontbijt nog boter ontbreekt. Ze voorzien de buurt ook van kranten en sigaretten, snoepgoed en de laatste roddels. Vooral in de grote steden in Noordrijn-Westfalen zijn het deze piepkleine winkels die het straatbeeld bepalen en het saamhorigheidsgevoel in een buurt bevorderen.

Où les chemins se croisent

Bienveillamment surnommés « **Büdchen** », « Klümpkesbuden » (cabanes à bonbons), mais aussi, tout simplement, « **Kioske** », ces kiosques-buvettes sont typiques pour le Bassin de la Ruhr. Si, en pleine nuit, les boissons viennent à manquer pour finir en beauté une fête, ou encore, si au petit-déjeuner du dimanche, le beurre fait défaut, on court au « Kiosk ». Le voisinage s'y retrouve pour un brin de causette tout en achetant son journal, ses cigarettes, ses sucreries et autres. Ces petites « stations de ravitaillement » se répartissent un peu partout dans la région de la Ruhr et on en trouve à tous les coins de rue dans les grandes villes.

Wunder tüte
AUSLESE de Luxe
FACHHÄNDLER
Jägermeister
WARNING
Öffnungszeiten
Lion

Überregional

Das wahre Leben

Der Westfale bringt Grünkohl und „Pfefferpotthast" auf den Tisch. Der Rheinländer lobt seinen Sauerbraten oder greift zu Reibekuchen und „Himmel und Äad". Fragt man nach der kulinarischen Spezialität des Ruhrgebiets, so ertönt es unisono: **Pommes und Currywurst**. Dieses Klischee haftet dem Revier an wie der Ruß der Bergwerke. Doch tatsächlich findet man nirgendwo sonst eine derartige Dichte an **Imbissbuden**, die weit mehr sind als Versorgungsstationen für den Magen: Hier spielt sich das Leben ab. Unmittelbar. Authentisch. Und ergreifend menschlich.

The real life

Westphalians' favourite dishes consist of kale and "Pfefferpotthast", a beef stew. The Rhenish people love sour marinated roast, potato fritters and "Himmel und Äad" made of black pudding. Asked for the **culinary speciality of the Ruhr district**, you will get only one answer: **curry sausage with chips**. This cliché clings to the coal mining district like the soot of the collieries. But it remains a fact that nowhere else are there as many **snack bars** and they are much more than simply resupply camps for the stomach: this is where real life takes place. Peer to peer. Authentic. And hauntingly humane.

Het ware leven

In Westfalen komt graag boerenkool en 'Pfefferpotthast' (gebraden rund- of varkensvlees met pepersaus) op tafel. De mensen in het Rijnland zijn dol op Sauerbraten, aardappelpannenkoeken en 'Himmel und Äad' (hete bliksem). Wie naar de **culinaire specialiteit van het Ruhrgebied** vraagt, krijgt vaak als antwoord: **friet met currywurst**. Dit cliché kleeft aan dit gebied als roet aan de mijnbouw. Hoe dan ook, opvallend is dat er nergens zoveel **snackbars** zijn als hier, die overigens vaak meer zijn dan eetvoorzieningen. Hier speelt zich het ware leven af: direct, authentiek en uitermate hartelijk.

Les gourmets du Revier

Si, en Westphalie, on apprécie le chou vert et le « Pfefferpotthast » (sorte de goulasch de boeuf), en Rhénanie, on commandera plutôt du « Sauerbraten » (boeuf braisé à l'aigre), des galettes de pommes de terre ou encore une spécialité de Cologne, « Himmel und Äad » (qui signifie l'enfer et le paradis, plat à base de boudin noir). Mais, pour les habitants du Bassin de la Ruhr, le « must-have » culinaire, c'est « **Pommes und Currywurst** » (des frites et une saucisse découpée en rondelles, noyée dans une sauce ketchup et saupoudrée de curry) ! Nulle part ailleurs, on trouve une telle densité d'**Imbissbuden**, baraques à frites qui sont bien plus qu'un lieu où calmer sa faim. Ce sont des lieux de rencontre très conviviaux et authentiques.

Register

Bildnachweis

Archiv des Verlages 113
Archiv Touristik GmbH Möhnesee: Wolfgang Detemple 84
Attendorner Tropfsteinhöhle 88
Christian Becker, Clausthal-Zellerfeld 31
Düsseldorf Marketing und Tourismus GmbH 94
Heinz Duttmann, Legden 8
Michael Fehlhauer, Köln 23
Flora Westfalica GmbH 19
Fotolia.com: Martina Berg 51; Marco Bonan U1 unten rechts; Uwe Landgraf 83; Ernst P. 143, Iryna Shpulak U1 unten Mitte,
Gesellschaft für Wirtschaftsförderung Soest mbH 82
Rudolf Geese, Geldern 38
Martin Glöckner (NABU-Naturschutzstation) 33
Ansgar Hillebrand, Wachtberg 147
Christel Hubig 35
infoCenterEmmerich 33
istockphoto.com 63
K. P. Kappest, Hilchenbach U1 oben, 86/87
Björn Kockrick, Erkrath 93
Achim Kukulies, Düsseldorf 95
Kulturbüro Stadt Freudenberg U4 oben, 115
Martin Kurtenbach, Köln 100
Manfred Linke; Köln U1 unten links, U4 unten rechts, 54/55, 60/61, 63, 64/65, 67 oben, 67 unten, 69, 75, 114, 117, 118, 120, 121, 124, 125, 126, 148/149, 150/151, 152/153
LWL-Industriemuseum A. Hudemann 28, 48, 76/77
Museum Folkwang/Stadt Essen: Jens Nober 58/59
Naturpark Maas-Schwalm-Nette 40
Naturpark Rheinland 122, 123
Wolfgang Peters, Schieder-Schwalenberg 30
Pixelio.de: DominoXL 99, 104; Anne Bermüller 81; Arnold Exportbier 24; Betty 154; Biggi 33; Christian Drab 96; Christine Becker 108; Didi01 116; DoRe 11; emmess 18; Frank Rosskoss 144/145; Gabi Schoenemann 138; Gecko 102/103; Gerda B. 37; halmackenreuter 43; Harald Schröder 132; HeinzHirsch 89; Ingo Döring 17; jabajaws 134; Jürgen Hüsmert 91; Jürgen Reitböck 49; Klausi 42; Lachsy 68; Lars Paege 70; nature.picture 39; mad-max 36; mattmax 72; Meyhome 15; Ray59 52/53; Reinhard Lucas 10; richard 50, 78; rollerbraut 46; Sascha Hübers 9; schemmi 85; Sprisi 90; Thomas Max Müller 79, 97, 101, 105, 106, 107, 109, 110, 111; Ulrich Witte 45; Wolfgang Ludewig 21; xm318 22
Presse- und Informationsdienst der Bundesregierung 140
Presseamt Münster: Andreas Lechtape 12; Joachim Busch 13
Projektbüro Hermannshöhen 27
Karsten-Thilo Raab, Hagen 80
Rita Riddermann, Günter Frimont, Dülmen 16
Route Industriekultur: G. Walter 71
Detlef Rüping, Bad Münstereifel 14, 131, 135
Schloss Drachenburg gGmbH 146
Norbert Schinner, Duisburg U4 unten links
Hans-Joachim Schneider, Köln 98, 119, 128, 129, 133, 136, 137, 142
Jörg Scholz, Unna 25
Stadt Bottrop 56
Stadt Castrop-Rauxel 73
Stadt Witten: J. Fruck 74
Stadtmarketing Krefeld 44
stefanjohnendesign.de 127
Stiftung B. C. Koekkoek-Haus, Kleve: A. Gossens 34
Tourismusbüro Winterberg 92
Detlef Wittig 20
Frank Zarges, Bochum 62
Zweckverband Deutsch-Niederländischer Naturpark Maas-Schwalm-Nette 41